星野泰平

終わりで大きく儲かる「つみたて投資」

JN178180

講談社+α新書《プラスアルファ》

プロローグ

思い込みだらけの「じぶん年金」作り

ここ数年、上下を繰り返しながらも、世界的に株価が堅調だったこともあり、投資を推奨する雑誌や書籍が書店に並んでいます。

「選ぶべき投資信託はコレだ！」「投資信託の利回りランキング」など、商品の成績やパフォーマンスに注目した切り口で組まれた特集をよく見かけます。

サラリーマンの方で確定拠出年金に加入している人、これから加入する人も、商品を選ぶ基準として「投資信託の成績」を重視する場合が多いでしょう。

また、「『投資する商品の成績』が重要」という思い込みなのでしょうか、次のように考えている人が大勢います。

個人で投信積み立てや確定拠出年金をやっていて、定期的に送られてくる成績表（運用報告書）を見てニンマリしている人。その成績表の黒字を喜んでいる会社の同僚や友人の「自慢話」を聞いて「自分もやっておけばよかった」と後悔している人。「今は好調かもしれないけど、すでにピークで、いつ下がってもおかしくない」と自己流に解釈して投資を躊躇《ちゅうちょ》している人。「やらないのが賢い選択」「自分は堅実」と思い込んでいる人……。

　このような方々を目にするたびに、私は違和感を覚えてしまいます。

　たしかに、「まとまった資金を一括で投資する」場合、「商品の成績」は重要です。しかし、老後の資産作りを目的として少額ずつ投資をする人にとっては、そうとは限りません。

　毎月、一定の金額ずつ投資をしていく資産作りの方法を「つみたて投資」と言います。銀行等から毎月自動引き落としで投資信託などに投資していく方法です。「投信積み立て」や「確定拠出年金」は、「つみたて投資」の代表例です。

　資産運用大国アメリカでは「つみたて投資」で資産を増やしている人が大勢いて、それで人気が高まり、現在では、約7割の世帯にまで普及しています。

　日本人のスマートフォンの普及率は5割強なので、単純に普及率で言えば、米国世帯で「つみたて投資」をしている割合は、日本人でスマホを持っている比率よりも高いのです。日本でスマホを持っている人は大勢見かけますが、それくらいポピュラーで、幅広く支持されている資産作りの方法です。

「つみたて投資」をする人は、一度、今までの投資の常識を捨て去るべきです。そのために、本書では「つみたて投資」をこれから始めようかと悩まれている方や、すでに取り組ま

図①　商品の成績

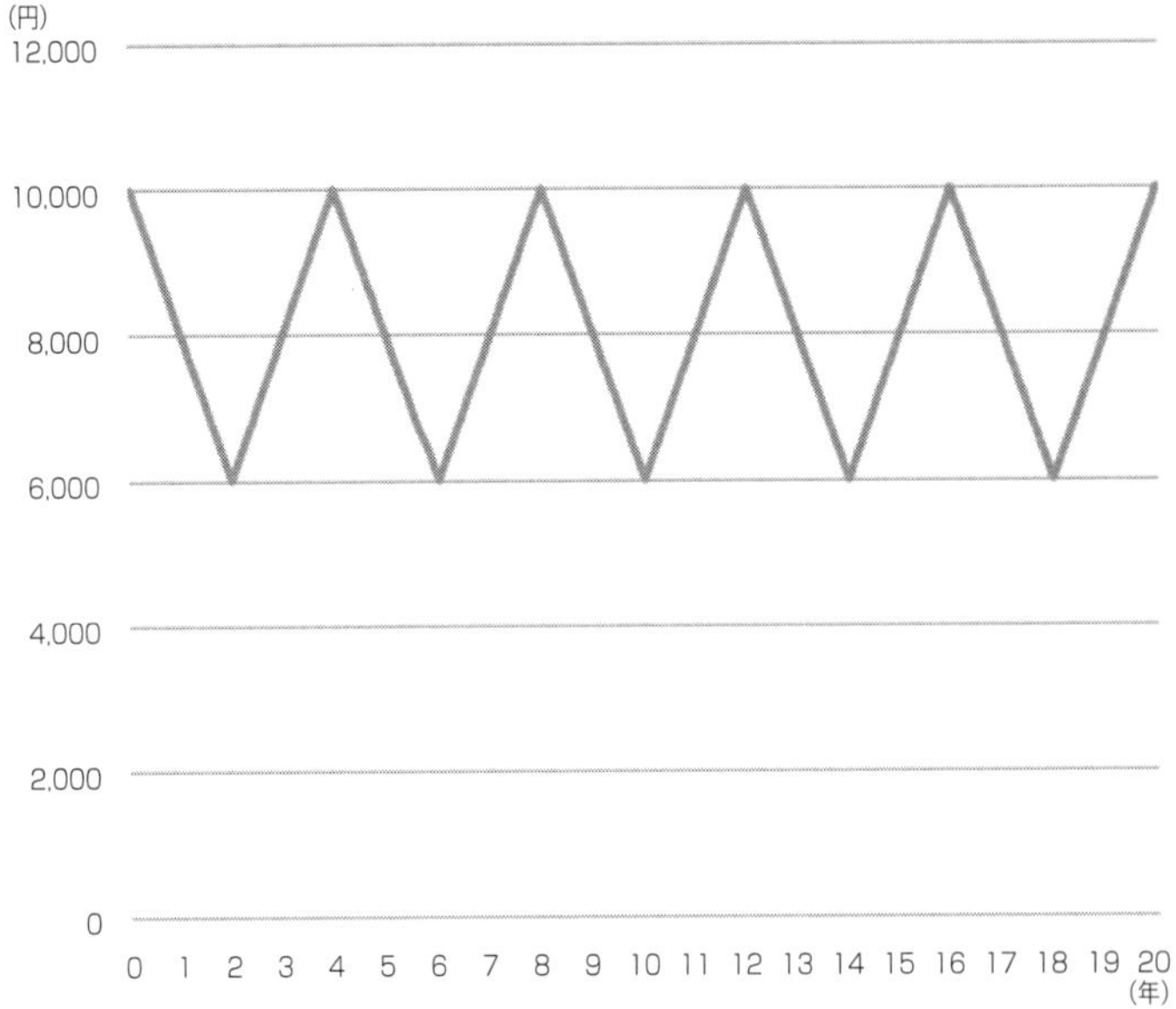

れている方のために、「最も重要なのに、最も知られていない特徴」について解説していきます。

ジグザグする商品に投資すると

上の図①をご覧ください。これは架空の投資信託の20年間の値動きです。タテ軸が商品の価格、横軸が年数を示しています。

この商品は1万円からスタートし、6000円まで値下がりした後、元の1万円まで戻るという動きを繰り返しました。20年間ジグザグを繰り返し、最後はスタートしたときの1万円に戻っています。

問題です。この商品に毎月1万円ずつ投資をするとします。1年間で12万円ですので、20年間の累計投資額は240万円です。このとき、あなたの「投資の成績（投資の評価額）」は、どのように推移すると思いますか？

「投資の成績」とは、あなたの投資したお金の価値です。投資をやめたときにあなたが「手にすることができる金額（税金等は考慮せず）」、もしくは「評価額」と言い替えることもできます。あなたが投資したお金は、当然ですが、増えたり減ったりします。たとえば、1万円投資した後、投資した商品を売却しようとしたとき、投資資金の評価金額が2万円になっていたら、「投資の成績」は2万円になります。

「そんなの、商品の値動きと似たような感じになるんじゃないの？」と思われるかもしれません。しかし、それは間違いです。

正解は次頁の図②です。商品と同じようにジグザグしながら、かつ上がっていくのですが、その「変動幅」は、序盤は小さく、終盤は大きくなります。

直線は投資した金額の累計額の推移です。投資金額は毎月1万円ずつ増えていきますので

図②　「投資の成績」の推移

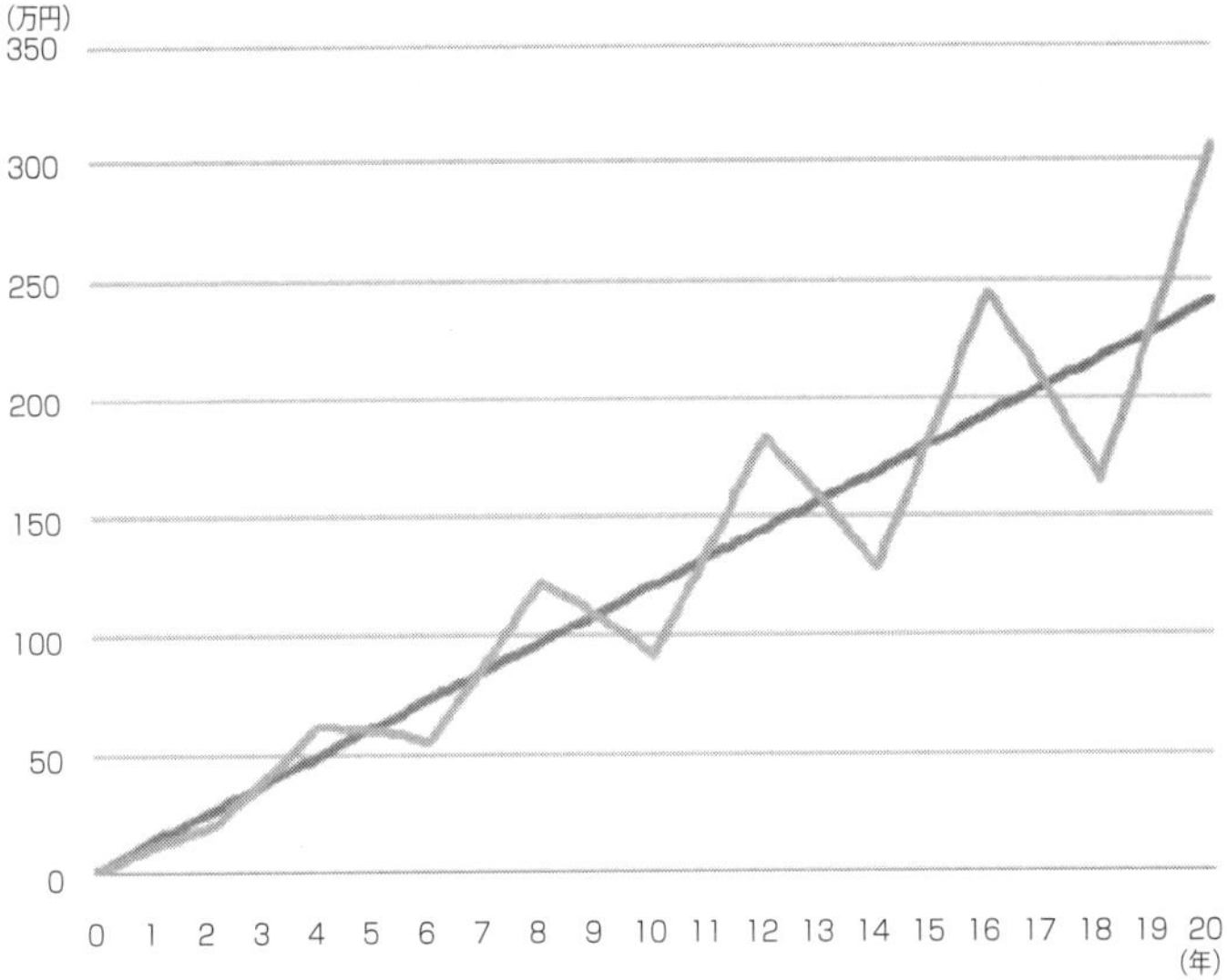

で、20年後は累計で２４０万円になります。この直線を上回っている金額が利益になり、下回っている金額が損になります。

　最終的に、20年後の投資の成績は３０６・５万円になり、66・５万円の利益となりました。

　つみたて投資を理解するうえで重要なのは、投資した「**商品の成績（A）**」（図①）と、「**投資の成績（B）**」（図②）を分けて考えることです。

　あえて両方とも「成績」という言葉を使っていますが、それぞれ意味がまったく異なります。

投資した「商品の成績（A）」とは、株式なら「株価」、今回の事例のように投資信託なら「基準価額」の値動きです（図①がそれに当たります）。つまり、「商品の価格」の変動です。株式や投資信託などの金融商品は、毎日100円上昇したり100円値下がりするなど、価格が日々変動します。たとえば1年間で価格が5％上昇したとすると、「その商品の成績（A）」は年率5％になります。

本書では、投資する「商品の成績（A）」を示す際、文脈によっては「商品の価格（A）」と表現することもあります。「商品の成績（A）」とは、投資する商品自体に着目した視点になります。

一方、「投資の成績（B）」とは、あなたが投資したお金の（現時点での）価値です。あなたが投資したお金自体がいくらになったのか。それが現時点でのあなたの資産価値であり、つまり、その時点で投資をやめたときにあなたが手にすることができる金額のことです（税金等は考慮せず）。

たとえば10万円投資して、そのお金が将来のある時点で2倍の20万円になっていたら、「投資の成績」は20万円です。

あなたが老後のために「じぶん年金」を作ろうとする際、目標としなければならないのは、突き詰めて言えば「いかに多くのお金を手にすることができるか」ということです。つ

図③

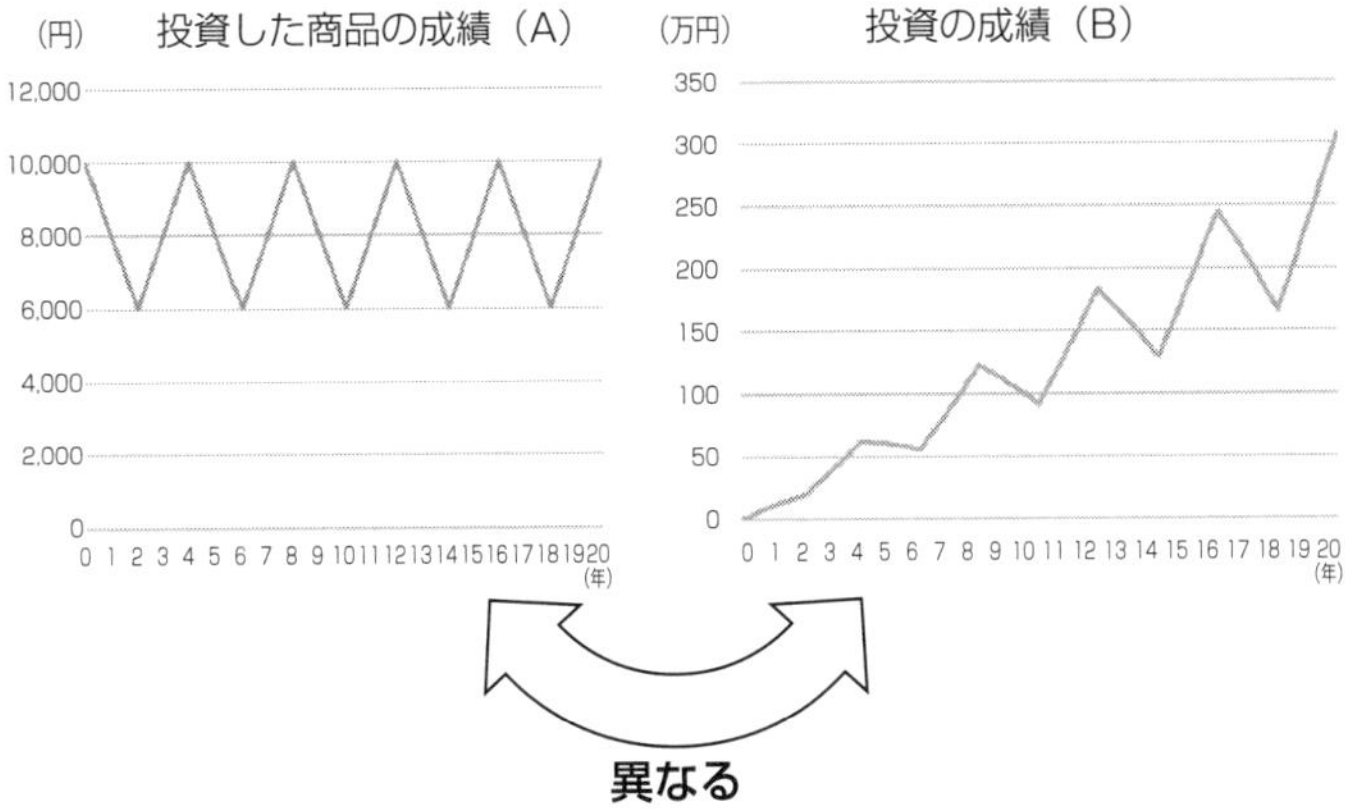

つみたて投資は、投資した「商品の価格（A）」と「投資の成績（B）」の動き方が異なる

まり、それは、いかに「『投資の成績（B）』を最大化する」かと言い替えてもいいでしょう。けっして投資した「『商品の成績（A）』を最大化する」ことではありません。

このケースの場合、「投資した商品の成績（A）」と、「投資の成績（B）」の推移を比較すると、図③のようになります。一致しないどころか、かなり違いますね。

年率5％の商品に投資しても……

多くの人が陥りやすい間違いは、つみたて投資においても、投資した「商品の成績（A）」と、「投資の成績（B）」を同じと考えている点です。たとえば、投資した「商品の成績（A）」が年率5％なら、「投資の成績（B）」も5％で増えていくと思い込んでいる

商品の成績（A）＝「商品の価格」の値動き（利回り）

↕　まったくの別物。分けて考える

投資の成績（B）＝投資した金額の価値

☆仮に「商品の成績（A）」が年率５％でも、「投資の成績（B）」が年率５％で増えるわけではない。

のです。

しかし、それは大きな間違いです。理由は本書で解説しますが、「つみたて投資」の場合、「**投資した商品の成績（A）」と「投資の成績（B）」はまったくの別物です。**ほとんどのケースで一致しません。

多くの人が投資信託を選ぶときに、「利回り」など運用成績を見ます。これはもちろん重要なことですが、それだけに囚《とら》われてはいけません。

なぜ多くの人が「商品の利回り」や「商品の成績」を気にするのかというと、おそらく預金の利率と同列に考えているからでしょう。預金金利の年率○○％と同様に、投資信託も年率○○％で考えて、投資するかどうか判断しているからです。

定期預金は利率で増やしていく性質のものなので、利回りに注目するのは当然です。しかし、投資信託や株式などの変動商品の場合、その考え方だと、つみたて投資の本当の成績（B）を見誤ることになります。

投資というと「安く買って高く売ればいい」と考えている人が多いようです。それは、「金融商品の成績（A）」に着目した考え方です。この考え方が転じて、「投資した商品の価格が下がると損をする」という間違った思い込みが広まっています。つみたて投資の場合、価格が下がっても利益が出ることはよくあります。

私は投資を「金融商品の価格」や「金融商品の成績」でとらえる風潮を本当に残念に思いますし、それを払拭したいと思います。つみたて投資は「投資した商品の価格（A）」だけでは、「投資の成績（B）」は決まりません。もう一つ、別の要素が必要になります。その別の要素についても解説します。

つみたて投資は終盤が重要

特に注目していただきたいのは、「投資の成績（B）」の終盤の動き方です。序盤よりも終盤に向けて、成績の値動きが大きくなっているのがわかります。

もう一度、先ほどの「投資の成績（B）」のグラフを細かく見ていきましょう（次頁図④）。

これが本書のいちばんのテーマですが、つみたて投資の場合、「投資の成績（B）」は、終盤に大きく変動します。「投資の成績（B）」は、序盤は少ししか変動しませんが、終盤に大

図④　「投資の成績」の推移

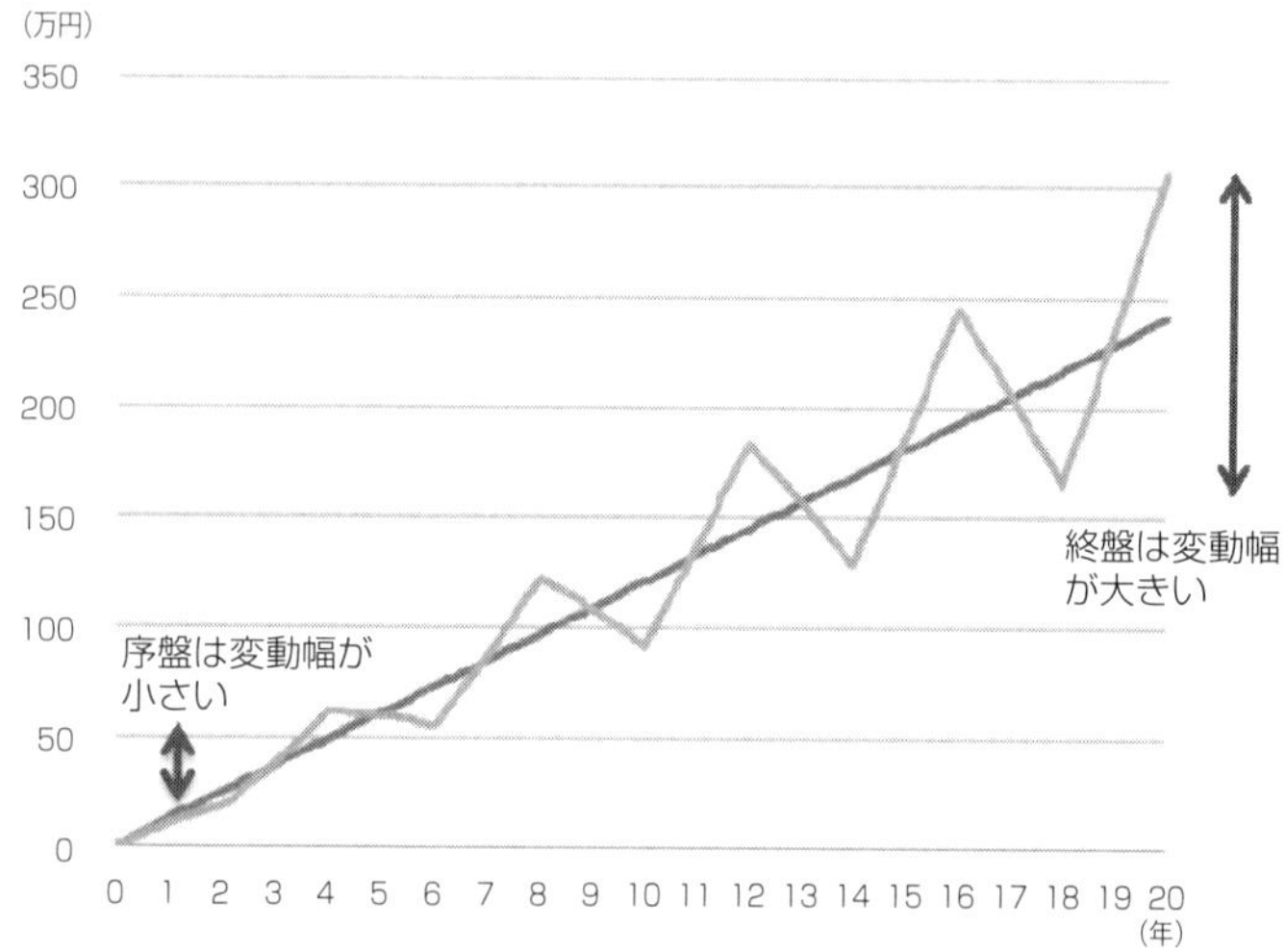

つみたて投資は、序盤の「成績」の変動は小さいが、終盤にかけて変動の幅が大きくなる

きく動くのです。

つまり、つみたて投資は終盤に大きく上昇して儲かるチャンスがあるのです。終盤の上昇は、一気に資産を増やすチャンスになります。

結論じみたことになりますが、「つみたて投資」は〝終盤〟の「投資の成績」が重要なのです。しかし、序盤、中盤の投資の成績はあまり重要ではありません。むしろ、序盤・中盤は下がっていたほうが理想的です。

こう書くと、「最後に『商品の成績』が下がったら大損をするのではないか？」と心配する方もいるでしょう。もちろん、投資はおいしい話ばかりではありません。メリットは同時にデメリットにもなります。

ただ、その点はしっかりと原則を押さえておけば過度な心配は不要です。本書では、終盤の「商品の成績」の下落を考える際に重要な４つの視点を解説しますので安心してください。

せっかく定年後の生活のためにコツコツとつみたて投資をやってきたのに、いざ定年を迎えたとき、運悪く市況が冷え込んでいたら最悪じゃないかと考えてしまうのはよく理解できます。このあたりがこれまでうまく説明されてこなかったため、投資を躊躇してしまう人が今でも少なくないのだと私は考えています。

終盤に大きく変動することは、ピンチというよりもチャンスととらえたほうがいいでしょう。将来、何度も大きくお金を増やすチャンスが来るイメージです。それは、丁半博打《ちょうはんばくち》のように、確率で5分5分のものではありません。本書で解説する原則をしっかりと守れば、成功する確率を高めて、失敗する確率はかなり減らせます。

実際、アメリカでは多くの世帯が取り組んで老後の資産作りに成功しているように、これはお金を増やすための「知恵」なのです。

医療技術が進展し、寿命が延びる一方、年金の受給額は減っていくことは避けられないでしょう。昔のように右肩上がりで給料が増える時代も、預金に置いておけば金利で資産が増える時代も終わりました。そういう時代において、「つみたて投資」は老後の資産を作る強力な武器になります。

前作『半値になっても儲かる「つみたて投資」』（講談社＋α新書）では、「つみたて投資」の特徴をできる限り簡単に伝えるために、デフォルメしたクイズ形式で、説明の簡潔さを追求しました。今作は、「つみたて投資」を疑似体験するかのようなリアルさを追求しました。前作をアニメとするなら、今作は実写版です。

もちろん、前作を読まれていない方でも「つみたて投資」の特徴が理解できるように、基本的な点をていねいに説明していますので、ご安心ください。前作を読んでいただいた方は、前作で紹介しきれなかった「つみたて投資」の奥深い魅力を体感してください。

また、前作では、一回でまとめて投資をした場合と、つみたて投資をした場合を比較して、その特徴について解説を試みました。今回は、投資をしないで預金に貯めていく場合と、つみたて投資をする場合で比較して、その特徴を解説します。

前置きがやや長くなりましたが、ここまでのポイントについて各章でじっくりと説明してまいります。収入がなかなか増えず、負担が増え、年金は減るという厳しい時代に、老後の資産を作る「武器」として、つみたて投資の特徴を学び、活用していただけたら幸いです。

目次

第2章　つみたて投資の「序盤」は重要ではない

第3章　つみたて投資の疑似体験

第1章　つみたて投資は「最後」が重要

終盤に投資の成績が大きく変動する

プロローグで見てきたように、つみたて投資は、序盤は「投資の成績（B）」の変動幅が小さい一方、後半に向けて変動幅が大きくなります。

たとえば、毎月1万円のつみたて投資を行う場合、一般的には最初のうちは「投資の成績（B）」は、毎月数百円から数千円の変動が起きるのが一般的です（もちろん、さまざまなケースがありますが）。しかし、10年、20年……と継続していくと、毎月の変動金額が数万円から数十万円になるのが当たり前のようになってきます。

投資をしていく「商品の成績（A）」は同じような変化が続いても、その「投資の成績（B）」のぶれ幅が、時間の経過とともに大きくなるのです。

これが預金との決定的な違いです。預金に貯めていく場合、毎月1万円ずつ貯めていくと、当然のように序盤も終盤も同じ金額ずつ増えていきます。

では、同じ金額ずつ投資していくにもかかわらず、なぜ「つみたて投資」は、終盤に向けて「投資の成績（B）」のぶれ幅が大きくなるのでしょう？　理由を解説します。

つみたて投資の「成績（B）」を考える際に、まず重要なのは、つみたて投資の「成績の決まり方」を理解することです。つみたて投資の「成績（B）」は次の式で決まります。

投資の成績（B）＝量×価格（A）

つみたて投資の成績は、金融商品を買い込んだ「量」と、それを売却（評価）する「商品の価格（A）」の掛け算で決まります。

この式だけだと、少し抽象的すぎるかもしれませんので、3つのポイントに分けて解説します。

ポイント①：投資は「量」を買う行為

1点目は、投資とは「量」を買う行為ということです。投資は、私たちが普段スーパーやデパートで買い物をするのとなんら変わらないということが言えます。

たとえば、スーパーで1個100円のリンゴを売っていたとします（ここでは便宜的に税金は考慮しないことにします）。レジで1万円を支払うと、何個の

ポイント①　投資は「量」を買う行為

□　投資をするのは、リンゴを買うのと同じ
□　スーパーで、1個100円のリンゴを1万円分買うと100個買える
□　値段が100円の株を1万円分買うと、100株買える

「量」を買えるでしょうか？

答えは、もちろん「100個」ですね。

ごく簡単に言えば、投資もこれと同じです。仮に値段が100円の株式があるとします。その株に1万円投資すると何株買えるでしょう？

正解は、当然「100株」です。株式に投資するということは、「株数」という「量」を買うことにほかなりません。

一般的につみたて投資は「投資信託」を用いて行われますが、投資信託も同じです。投資信託の場合「量」を買うとは、「口数《くちすう》」を買うことを意味します。仮に1口100円の投資信託があったとして、その投資信託に1万円投資すると、100口買えます。投資信託に投資するということは、投資信託の「口数」という「量」を買うことなのです。

このように、投資とは、日常生活の買い物と同じように、「量」を買う行為なのです。

初心者の方は、投資すると「お金がどこかにいってしまった」「よくわからないところに消えてしまった」というイメージを持たれる方が多いようです。しかし、投資は普段の買い物と同じように、しっかりと「量」を

ポイント②　毎回、買える「量」が変わる

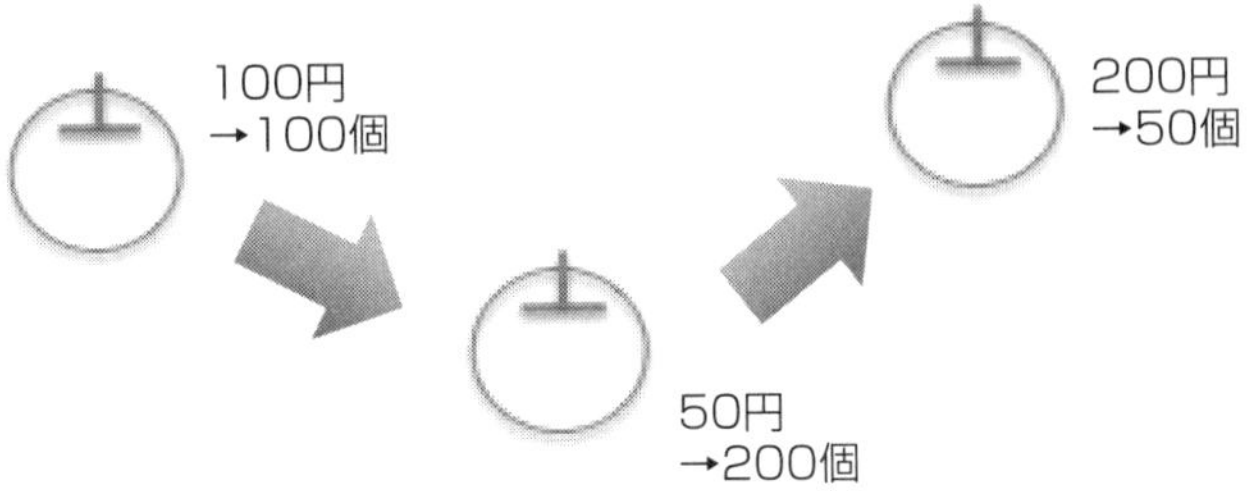

価格が下がれば多くの量が買え、価格が上がると少ない量しか買えない

買い込んでいることを理解しましょう。

ポイント②：毎回、買える「量」が変わる

２つ目のポイントは、つみたて投資の場合、毎月買える「量」が変化する点です。これも投資に限らず、普段の買い物と同じです。

図をご覧ください。１ヵ月目、スーパーでリンゴが１００円で販売されていて、１万円支払うと１００個買えました。

翌月（２ヵ月目）、嬉しいことにリンゴが50円に値下がりしていました。今度も１万円支払うと、買える量は「２００個」になります。１ヵ月目は「１００個」でしたので、２倍の量を買えました。さらに翌月（３ヵ月目）、リンゴは２００円に値上がりしていました。今度も１万円を支払うと、残念ながら50個しか買えませんでした。値段が上がると、買える「量」は減ってしまうのです。

ポイント③　買った「量」を積み上げていく

買った量を積み立てるから「つみたて投資」

これは投資でもまったく同じです。投資信託につみたて投資をする場合、投資信託の値段（基準価額）が下がると、多くの量（口数）が買えます。値段が上がると少ない量（口数）しか買えません。

日常の買い物でも、投資でも、買う商品の価格が下がればたくさんの量が買え、価格が上がると少ない量しか買えないのです。

ポイント③：買った「量」を積み上げていく

3つ目のポイントは、毎月買った「量」を積み上げていく点です。先ほどの続きで考えてみます。

1ヵ月目はリンゴが100円だったので、100個買えました。

2ヵ月目は50円に値下がりしたので、200個買えました。これまでに買った「量」の合計は300個です（「1ヵ月目／100個」＋「2ヵ月目／200個」）。

3ヵ月目は200円に値上がりしたので、50個しか買えませんでした。これまでに買った「量」の合計は350個です（「1ヵ月目／100個」＋「2ヵ月目／200個」＋「3ヵ月目／50個」）。

このように、買った「量」を積み上げます。株式に投資する場合は「株数」、投資信託の場合は「口数」を積み上げます。コツコツと買った量を積み立てるので、「つみたて投資」と呼ぶのです。

「投資の成績」の考え方

それでは質問です。今（3ヵ月目）、あなたはリンゴを350個持っています。そのリンゴを駅前広場で、1個200円で販売しました。すると、ある方がトラックでやってきて、全部（350個）買いあげてくれました。

あなたは350個のリンゴをトラックに詰め込むのを手伝って、代金を受け取ります。さて、そのとき、あなたはいくらの現金を受け取るでしょう？

350個のリンゴを一つ200円で売却したので、正解は「7万円」ですね。

これが、「『量』×『価格』」の考え方なのです。たくさん買い込んだ「量」を、最後の

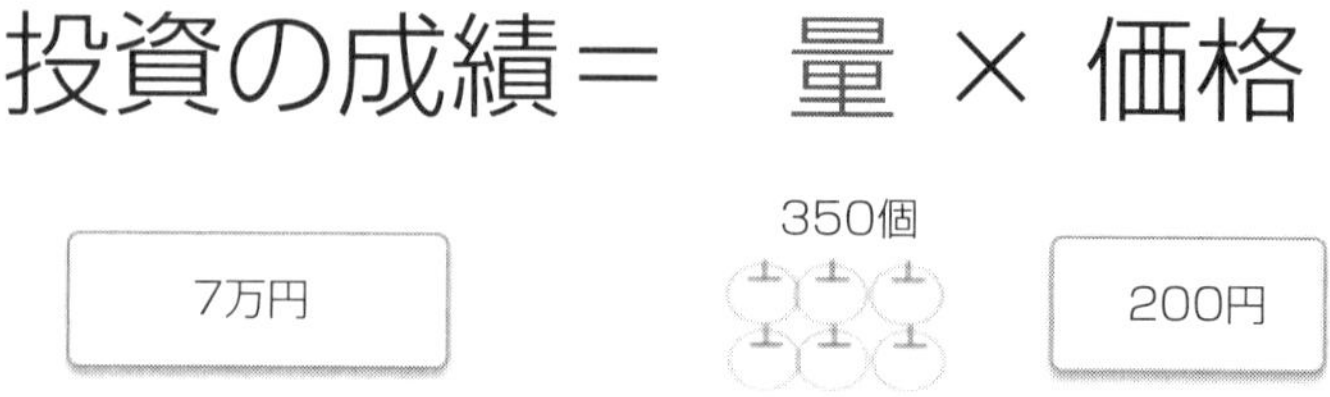

「価格」で売却するのです。

つみたて投資もリンゴと同じように考えます。つみたて投資は毎月決まった金額を投資していきます。つまり、毎月、投資信託などの「量」を買い込んでいきます（ポイント①）。

投資する投資信託の「価格（A）」は、毎月変わりますので、買える「量」は変化します。価格が下がるとたくさんの「量」が買える一方、価格が上がると少ない「量」しか買えません。毎回買える「量」が変化します（ポイント②）。

毎月買い込んだ「量」を積み上げていきます。前月までに買った分に、その月に買い込んだ量を積み重ねます。コツコツと買った量を積み立てて増やしていきます（ポイント③）。

最後に、その積み上げた「量」を、将来の「価格」で売却すると、「投資の成績（B）」が決まるのです。売却しない場合は、その時点での「価格」で評価をすると、「時価」が計算できます（これは「評価額」とも言われます）。

図1-①　価格（基準価額）

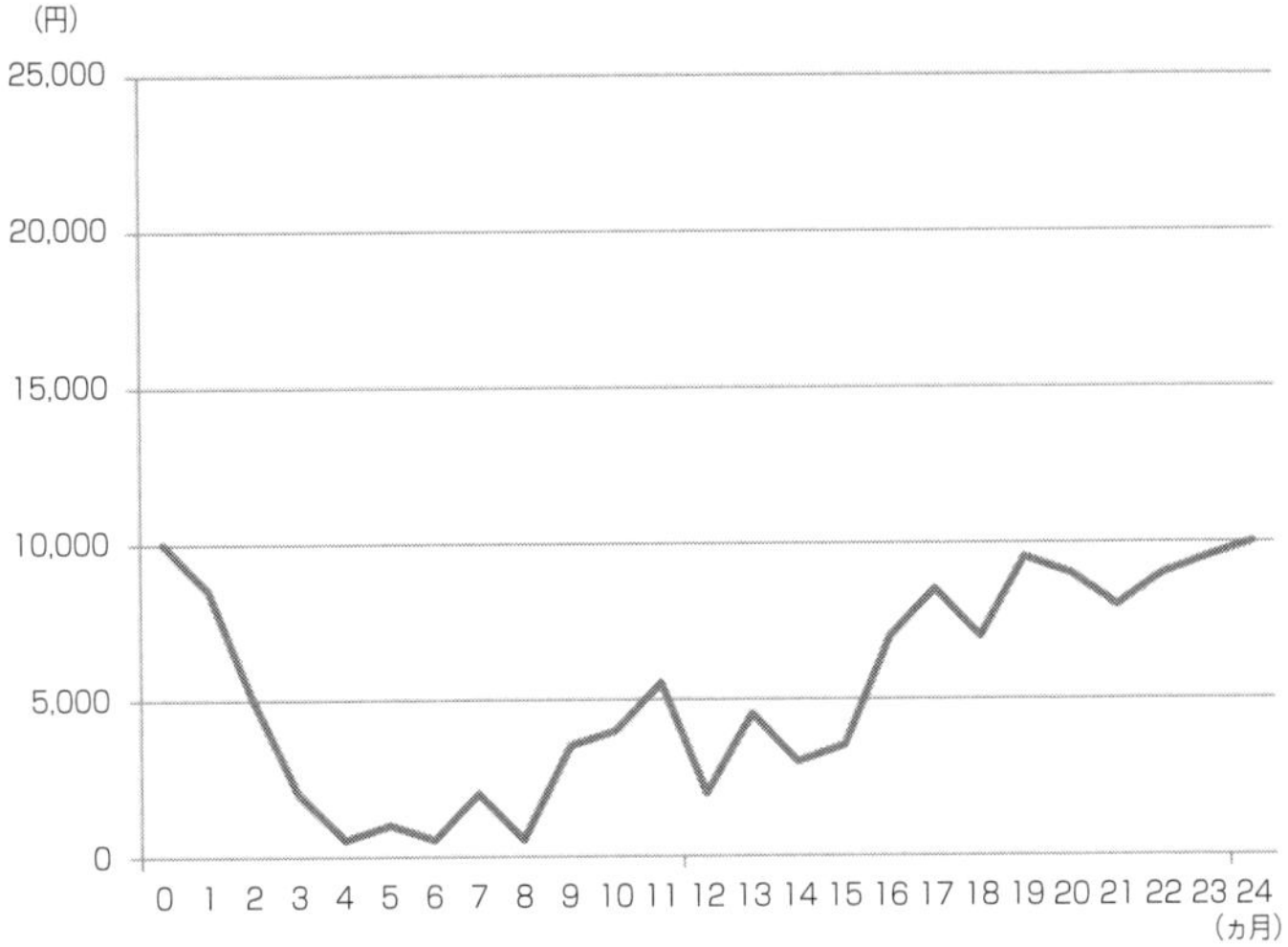

つみたて投資を体感する簡単な事例

つみたて投資の考え方を理解したうえで、簡単に「つみたて投資」の終盤の大切さについて疑似体験してみましょう。

図1-①は、ある架空の投資信託の24ヵ月間（2年間）の値動きです。この商品に毎月1万円ずつ「つみたて投資」をしたとします。毎月1万円ずつ投資をするので、24ヵ月で累計24万円の投資金額になります。最終的な「投資の成績（B）」はどのようになるでしょうか？

正解は次頁のグラフ（図1-②）です。

直線が投資した資金の累計金額です。

図1－②　投資の成績

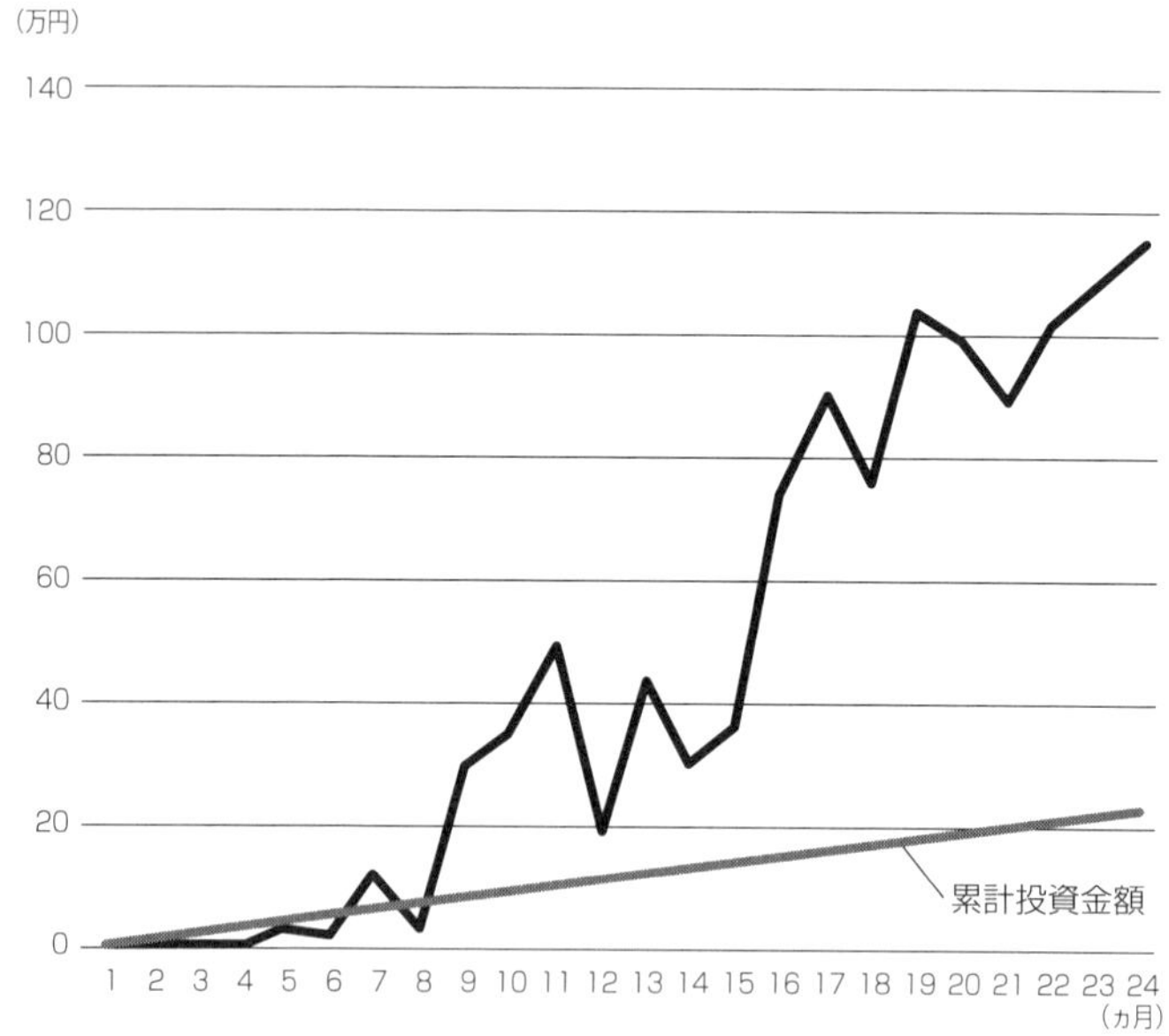

直線を上回っている部分が利益、下回っていると損になります。

序盤の「投資の成績（B）」の変動幅は小さいものの、終盤に向けて変動幅は大きくなっているのがわかります。あらためて図1－①を確認してください。「商品の価格（A）」の変動幅は、序盤のほうが明らかに大きかったはずです。スタート直後に暴落していると言っていいでしょう。それでも、「投資の成績（B）」のグラフを見ると、序盤の変動は小さく、終盤に向けて大きくなっています。

プロローグで見た事例と同様、

図１－③

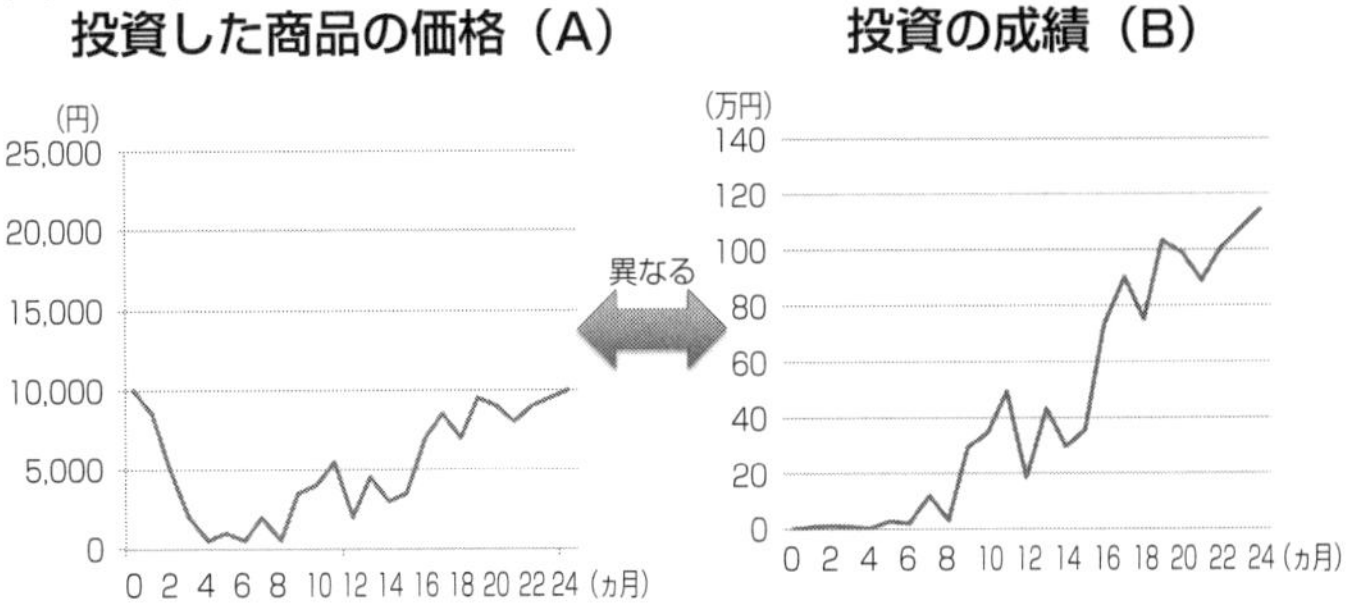

つみたて投資は、投資した「商品の価格（A）」と「投資の成績（B）」の動き方が異なる

投資する「商品の成績（A）」と「投資の成績（B）」はまったく異なります（図1－③）。その理由を考えてみましょう。

今回の事例の場合、運用（つみたて投資）を始めた直後から、すぐに大きく価格が下がっています。つまり、価格が下がったことにより、つみたて投資の「ポイント②」で解説した通り、買える「量」が増えています。4ヵ月目には500円まで値下がりしています。ここまで下がってしまうと、まさに「暴落」と言っていいでしょうね。実際にこの商品でつみたて投資をしていたら、かなり「辛《つら》い」と感じてしまうかもしれません。

しかし、スタート時に比べ、なんと20分の1までに下落してしまったわけですが、逆に20倍も多くの「量」を買い込めているのです。

そして、値下がりがしばらく続いて、最後に、ス

図1-④　価格（基準価額）

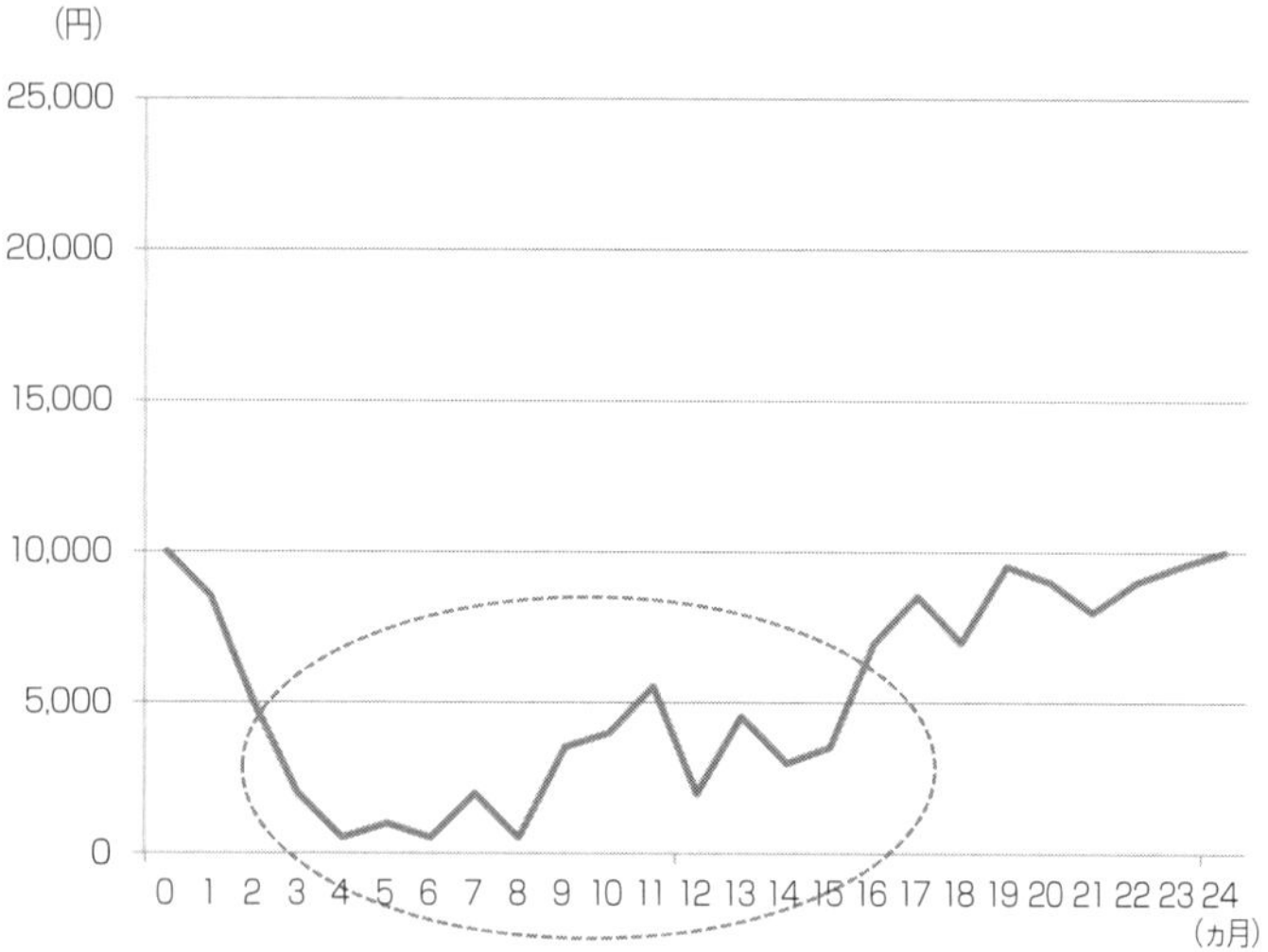

下落時にたくさんの量が買えている

タート時と同じ1万円まで戻りました。つまり、「元の価格に戻った」だけです。

このときまでに買い込んだ量は「114万3756」口になりました。仮に、スタートの1万円の時点で全額（24万円）を一括投資していたら、「24万」口しか購入できません。つみたて投資をしたことで、値下がり時にたくさんの量を買うことができたので、一括投資に比べて約4・7倍の「量」を購入できたのです（図1-④）。

それを先ほどの「投資の成績」の式に当てはめると次のようになります。

「量」（114万3756口）×「価格」（最後の価格＝1万円／1万口あたり）＝「投資の成績」114万3756円

このように、つみたて投資の「成績（B）」は「量」×「価格（A）」で決まります。今回の事例では、投資した商品の価格はスタート時の価格に戻っただけで、上がってはいません。それでも、投資金額24万円の4倍以上の約114万円になった理由は、つみたて投資の成績が「量」×「価格」で決まるからです。

この事例のように、つみたて投資の場合、投資する「商品の価格（A）」がスタート時より上昇していなくても、さらに言えば下落していても、利益が出ることが多々あるのです。

※一般的な投資信託の価格は1万口当たりで表示されています。100万口持っている場合、価格が100円上昇した際の「投資の成績」の上昇の計算式は次の通りです。　100万口×100円÷1万＝1万円

後半に成績の変動が大きくなる理由

つみたて投資が後半になるにつれて、「投資の成績（B）」の変動が大きくなる理由はもうおわかりですね。そうです、「量」が増えているからです。

図 1-⑤　積立買付口数

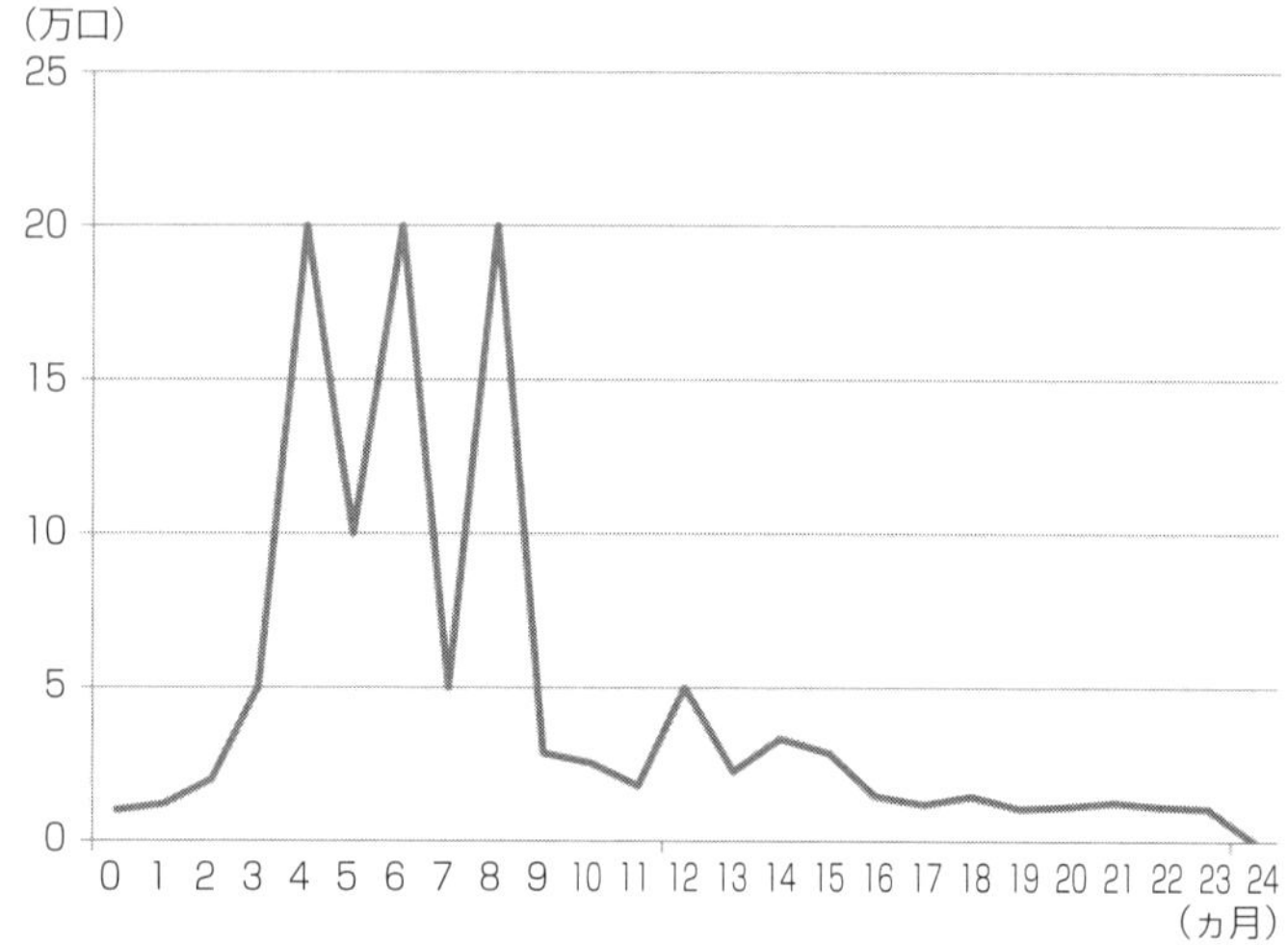

図 1-⑥　累計購入口数

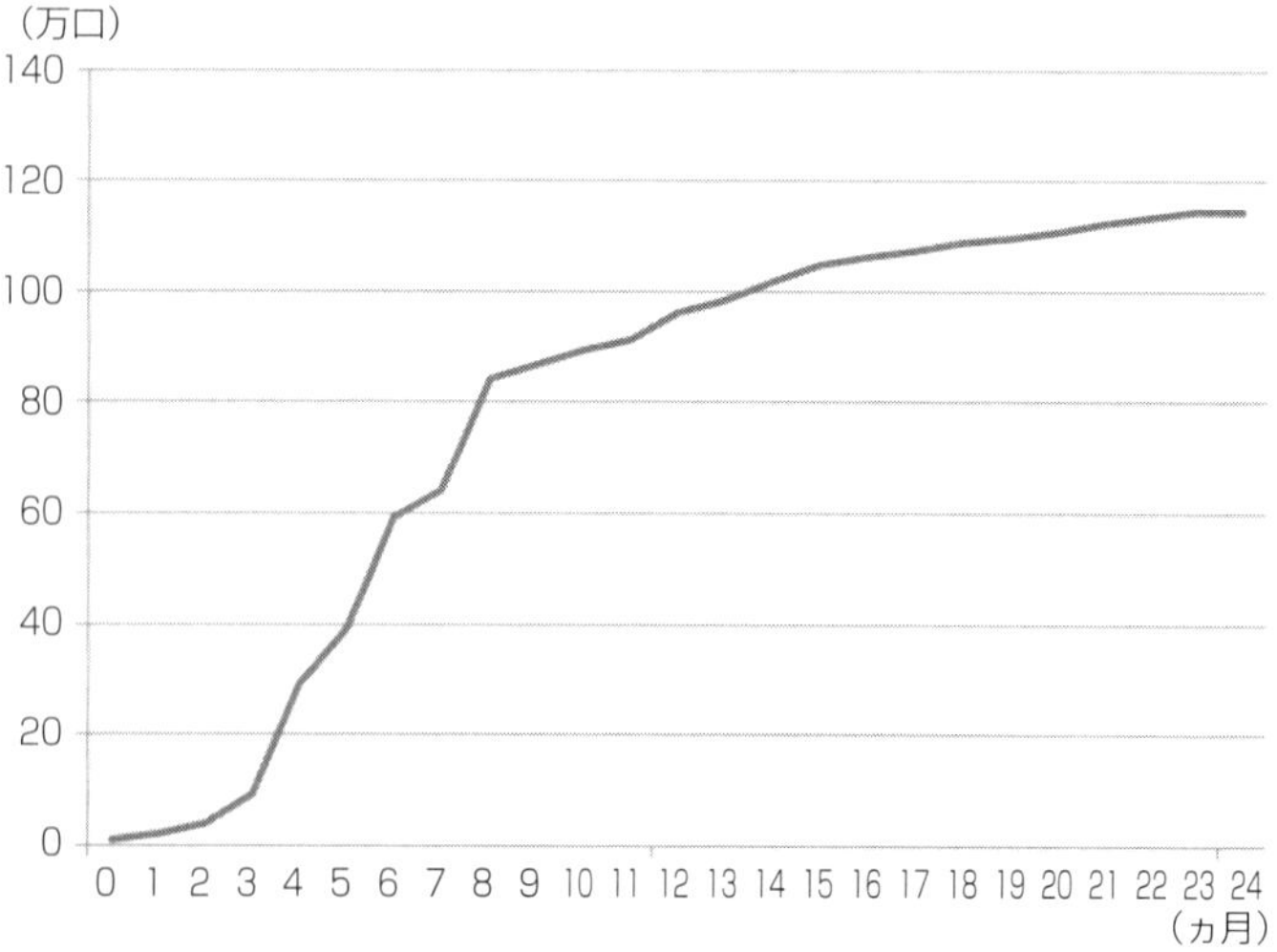

図1-⑤は今回の事例で、毎月の買える「量」の推移を示しています。スタート時の価格は1万円なので、1万口買えます。

序盤の価格が下がる局面で、たくさんの量が買えています。4ヵ月目、6ヵ月目、8ヵ月目には、それぞれ20万口も買えています。スタート時の20倍の口数です。このように、つみたて投資は「価格(A)」が下がる局面で大量の口数を買い込んでいくことができるのです。「値下がりは怖い」と考える必要がないということがおわかりいただけましたでしょうか。これはむしろ「チャンス」と考えられます。

次に、こちらが買い込んだ「量」の累計値です(図1-⑥)。つみたて投資のポイントの3つ目を思い出してください。つみたて投資は、買い込んだ「『量』を積み上げる」投資です。時間の経過とともに、確実に「量」が増えていくのです。

たとえば、今回の事例で5ヵ月目までに39万1765口を購入しています。最後の24ヵ月目末の時点で114万3756口買い込んでいます。5ヵ月目の時点の約3倍の「量」を買い込んでいるのです。

・5ヵ月目:つみたて投資の成績=「量」(39万1765口)×「価格」
・24ヵ月目:つみたて投資の成績=「量」(114万3756口)×「価格」

この買い貯めた「量」の差が、「投資の成績（B）」の変動の差になって表れるのです。

「量」の意識を持っていない人たち

私の経験上、ほとんどの人は投資を考える際に、「量」を買っている意識を持っていません。商品の「価格」が上がった下がったと、「価格」ばかり見ています。

「量」の意識がないとどうなるでしょう？

「投資の成績（B）＝~~量~~×価格（A）」と見ていることになります。つまり、投資の量を意識しない人は、「『投資の成績（B）』は『価格（A）』で決まる」と思い込んでいて、投資した「商品の価格（A）」が上がると儲かり、下がると損すると考えてしまっているのです。

詳しくは第2章で解説しますが、つみたて投資の場合、序盤から中盤の値下がりは気にする必要はありません。むしろ、量を買い込むチャンスなので、値下がりしたほうが望ましいとも言えます。

先ほどの事例も、序盤と中盤に大きく下落したことで、多くの「量」を買い込むことができました。

序盤に「量」を買い込むことができると、後々有利になります。終盤の時点で、100万口買い込んでいる人と、1万口しか買い込んでいない人では、利益の伸びが100倍異なるからです。

100万口買い込んでいる人は、商品の「価格」が100円上がると、投資の「成績」は1万円増えます。1万口しか買い込んでいない人は、商品の「価格」が100円上がっても、投資の「成績」は100円しか増えません。同じ1円の上昇でも、そのときの利益額が違ってくるのです。

投資において「量」の視点を持つことで、値下がりは「ピンチ」ではなく、「チャンス」と捉えることができます。「量」を買い込む機会になるからです。

資産を増やすチャンスはどこに？

架空のモデルではなく、実際の事例を確認してみましょう。次頁の図1－⑦は1990年初から2014年末までの「世界株式」の価格の推移です。

この期間、毎月1万円を世界株式に連動した商品につみたて投資をしたら、どのような成績になったでしょうか？　投資期間は25年なので、総投資金額は300万円です。

正解は37頁のグラフ（図1－⑧）です。

この間、2000年代初頭の「ITバブル崩壊」、また、2008年の「リーマンショッ

図１-⑦　世界株式の価格（基準価額）の推移

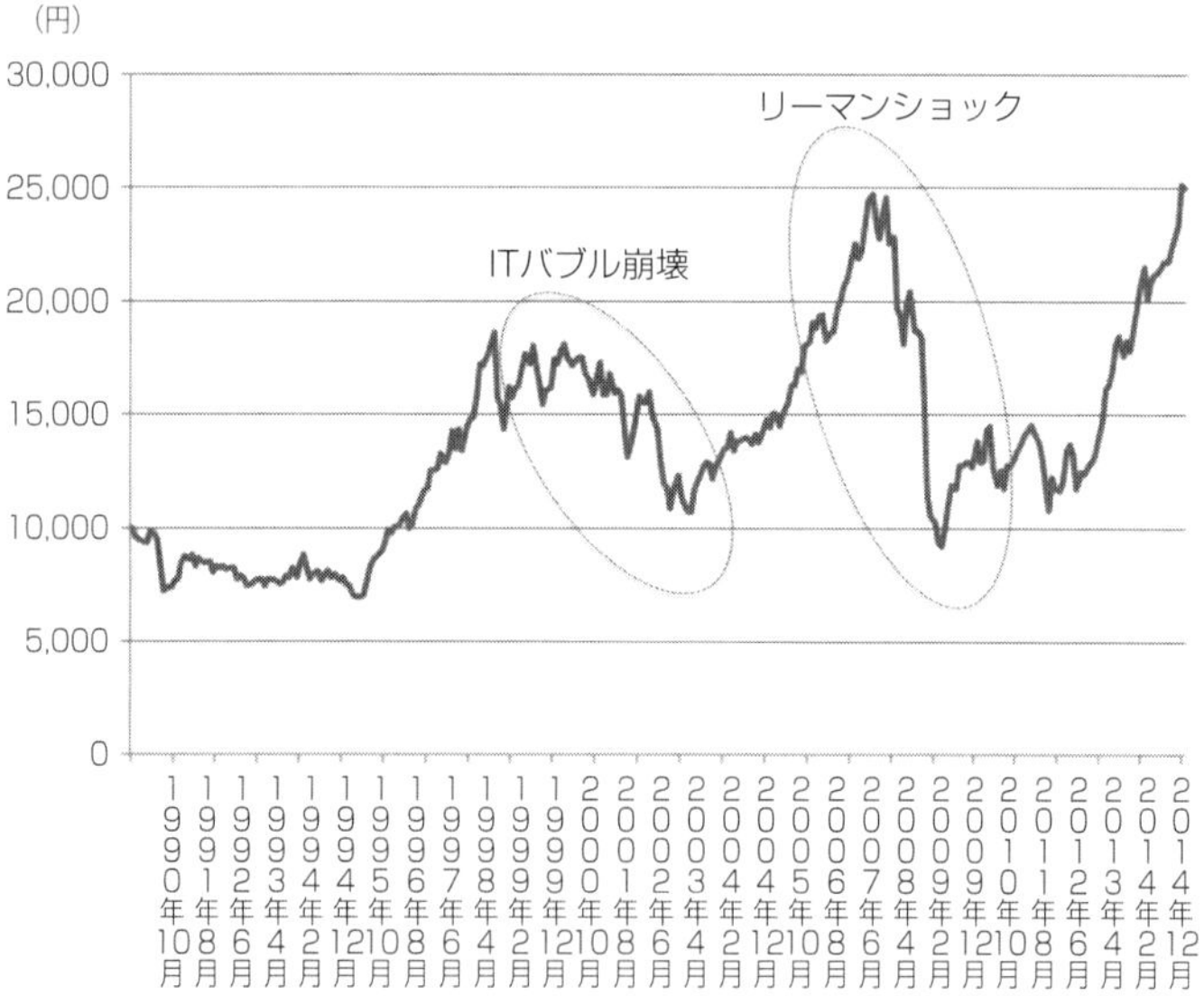

出所：MSCI World Index〈円ベース〉

ク」と、2度にわたり大きな危機を経験しておりますが、「投資の成績（B）」を見ると、リーマンショック後に一時的に赤字の（つまり、累計投資金額を下回る）時期があるものの、思いのほか早く回復しているのがわかりますね。

　ここでさらに見逃してはならない重要なポイントは、後半の投資になるにつれて、投資成績の変動が大きくなっている点です。終盤になるにしたがい、上昇幅と下落幅が大きくなっています。変動が大きいからこそ、赤字からの回復も早いということも言えるでしょう。

図１－⑧　投資の成績（時価総額）の推移

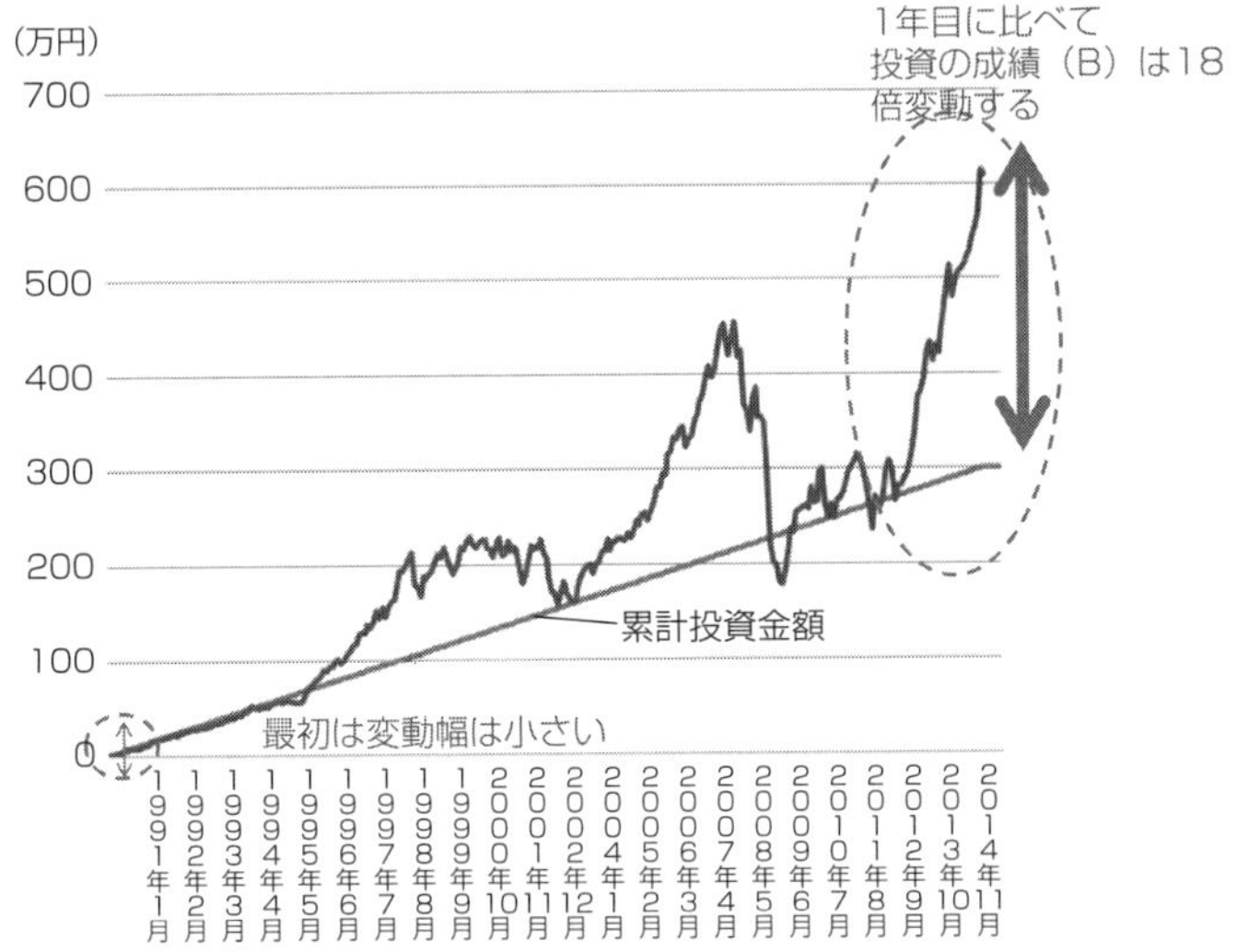

毎月の購入できる口数の推移は38頁図１－⑨の通りです。序盤の１９９５年頃までは多く買えています。その後、値段が上昇していくにつれて、購入できる「量」が少なくなっているのがわかります。

このケースでは、１年目末の時点では13万６２８５口しか貯まっていません。しかし、最後の25年目末の時点では２４４万２９７９口も貯まっています。１年目末時点の約18倍も買えています。

つまり、同じ１円の価格変動でも、1年目末より25年目末のほうが、18倍も「投資の成績（B）」に影響を与えるのです。

図1-⑨　購入口数

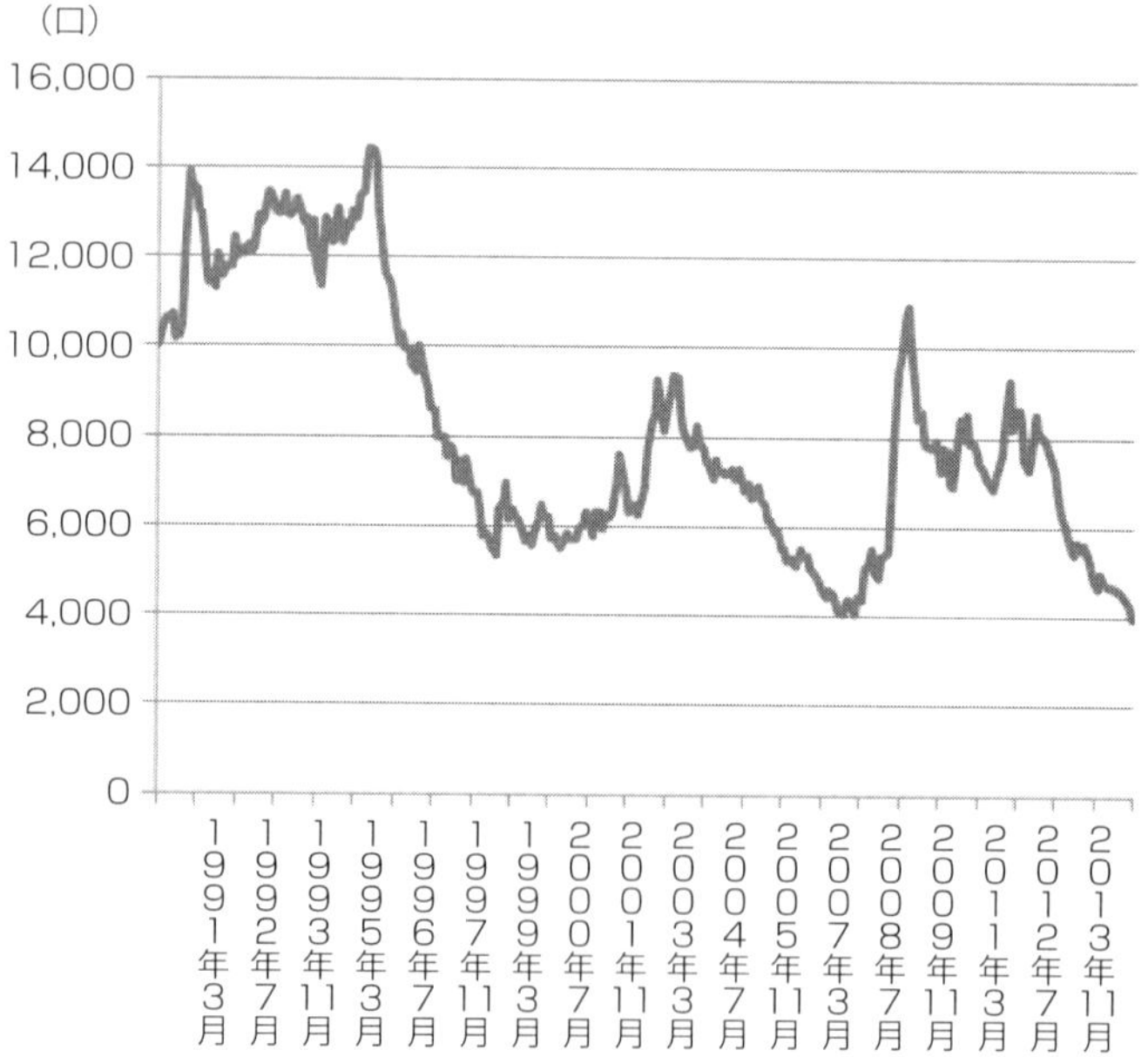

　このように、つみたて投資は「量」が貯まってきた終盤が近づくにつれて、「投資の成績（B）」が大きく変動しやすくなります。

　それは、けっして悪い意味ではありません。確かに、終盤に下落すると大きく目減りする可能性はあります。ただ、上昇すると資産を増やすチャンスになるからです。

　第5章でも述べますが、つみたて投資は丁半博打ではありません。長期で続けることで、損をする確率を減らせます。理由は、世界の株式市場は中長期的に成長するからです。為替のように、一方が上がれば一方が下がるというものでなく、世界経済の成長に伴い、上昇するのです。

実際に、アメリカでは多くの国民が資産を増やしています。たったの25年間で投資信託の残高は15兆ドル（約1800兆円）も増えています。また、つみたて投資は「回復力」もあるので、仮に一時的に赤字になっても、スピーディな黒字化が期待できます。

終盤に「投資の成績」の変動幅が大きくなるのは、デメリットより、圧倒的にメリットのほうが大きいのです。

つみたて投資は、時間をかけて、数百回コツコツと「量」を買い込み、終盤の「価格」で掛け算をして、レバレッジ効果で資産を増やす方法なのです。

この「掛け算」の力がポイントです。

つみたて投資は、「価格（A）」の上昇だけで儲けるのではありません。買い込んだ「量」に最後の「価格」を掛け合わせて、資産を増やすのです。ですから、「量」を買い込めば買い込むほど、最後にレバレッジが効いてきます。つみたて投資は、「掛け算」の力で増やす方法なのです。

第２章　つみたて投資の「序盤」は重要ではない

一喜一憂は意味がない

前章で、つみたて投資は終盤の「商品の成績（A）」が重要と説明しました。理由は、つみたて投資の成績は「『量』×『価格』」で決まるからです。

実はこのメッセージにはもう一つ意味があります。つみたて投資は序盤・中盤の「商品の成績（A）」はあまり重要ではないのです。

投資を始めるときに、「下がったら怖い」「下がったら損をするかもしれない」と不安になる人も多いと思います。また、ここ数年でつみたて投資を始めた人で、今のパフォーマンスが気になる人もいるでしょう。

そういう心配や気がかりは無用なので、本章ではその点を解説します。

もう一度、第1章の事例（次頁図1-①/再掲）を確認してみましょう。

この架空の投資信託は1万円からスタートした後、大きく値下がりして、4ヵ月目に5000円まで下落しています。8ヵ月目も500円で、その後、少しずつ上昇し、24ヵ月後に1万円に戻っています。

このときの「投資の成績（B）」の推移です（44頁図1-②/再掲）。最終的に114万3

図１－① 価格（基準価額）

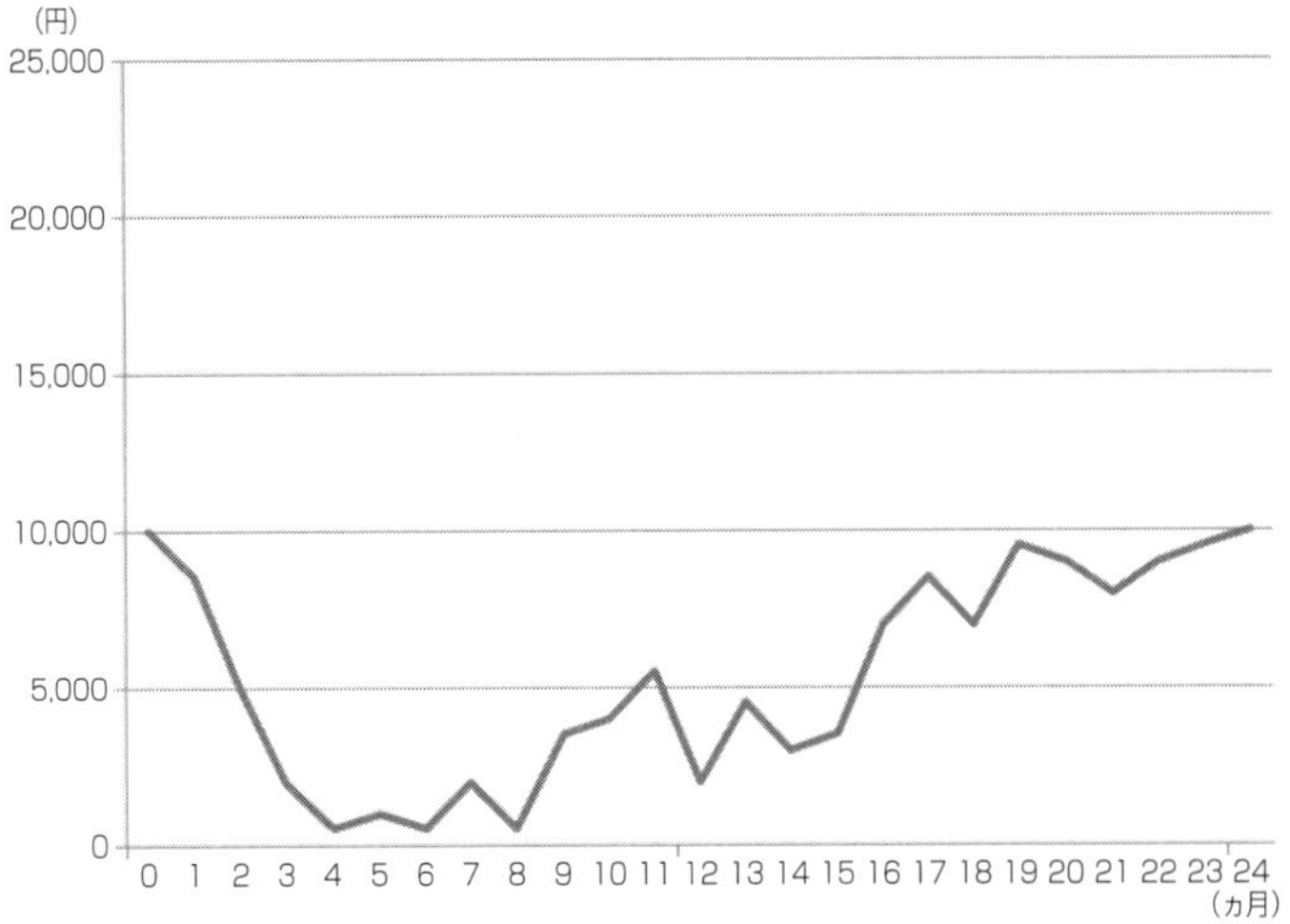

７５６円になります。注目していただきたいのは、序盤の「投資の成績（Ｂ）」の推移です。商品の価格は大幅に下落しているにもかかわらず、そこまで大きな変動は見られません。

理由は「『量』が買えていない」からです。つみたて投資の成績は「『量』×『価格』」で決まります。「量」が買えていない序盤や、まだ貯めている途中の中盤については、「投資の成績（Ｂ）」は大きく変動しないのです。

45頁の図２－①は、累計の購入口数の推移です。序盤は買い込んでいる量が少ないのがわかります。

５ヵ月目はまだ39万１７６５口しか買え

図 1 - ② 投資の成績

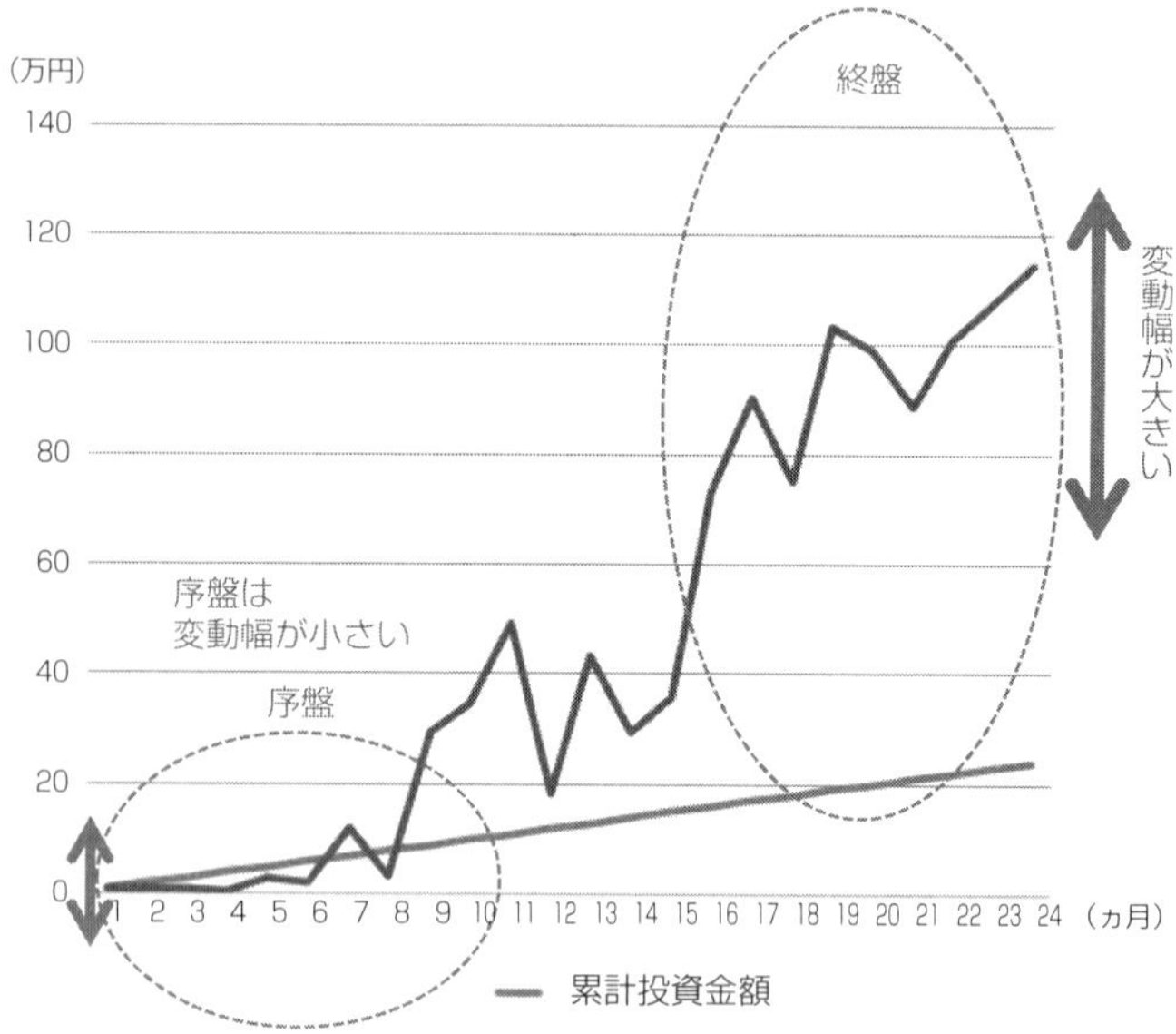

つみたて投資は、序盤の「成績」の変動は小さいが、
終盤にかけて変動の幅が大きくなる

ていません。24ヵ月間で買える114万3756口の3分の1程度にすぎないのです。

まだ「量」が積み上がっていない頃の投資の成績を気にしすぎても、あまり意味がありません。

サラリーマンの方で、確定拠出年金で投資信託に積み立てている人も多いと思います。ここ数年、アベノミクス相場の影響で、年に一度送られてくる「成績表（運用報告書）」を見て、喜ばれている方も多いでしょう。

まだ「序盤」「中盤」の人

図2-① 累計購入口数

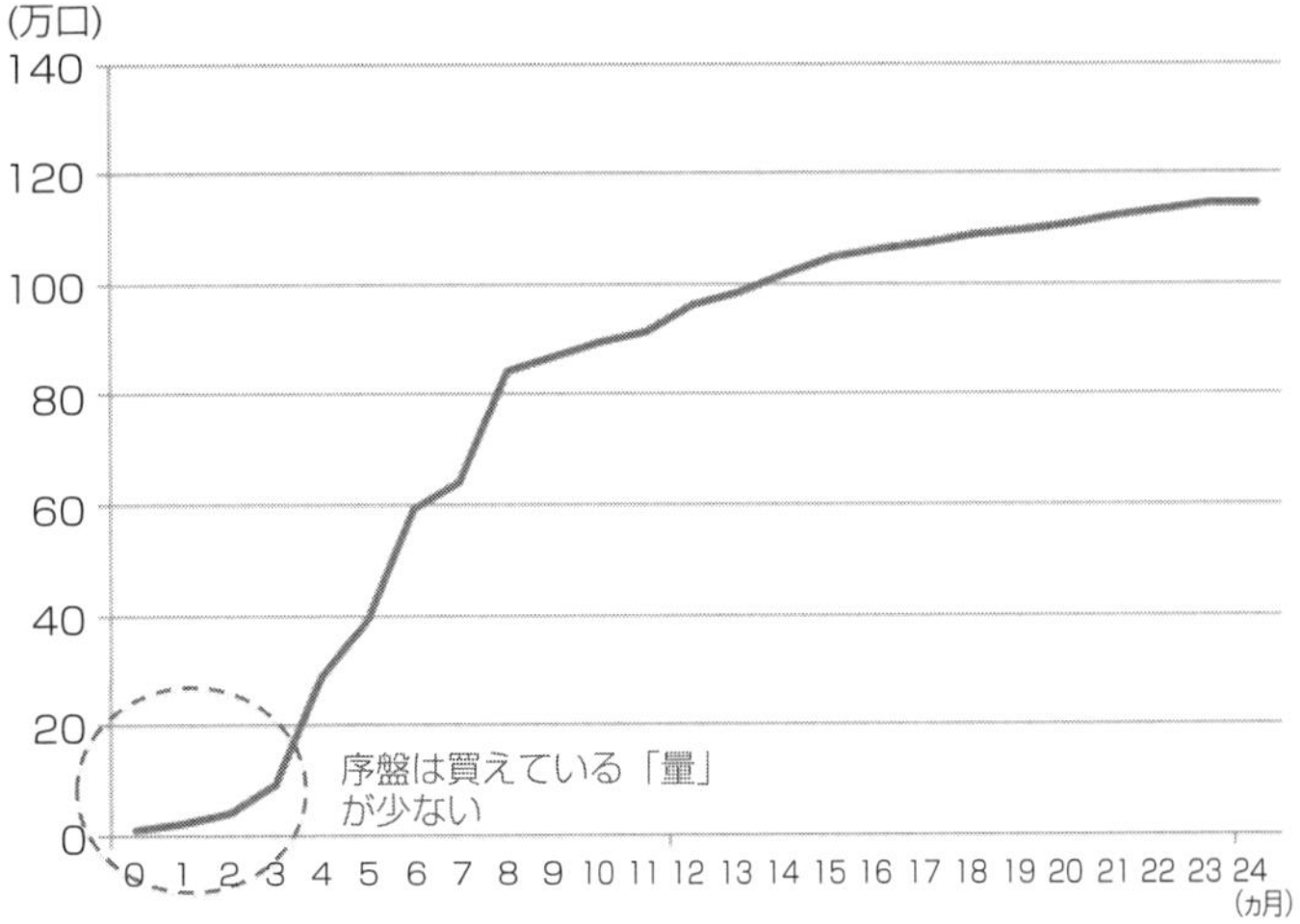

は、あまり浮かれすぎないようにしましょう。まだ先は長いのと、これから本格的に「投資の成績（B）」が変動を始める時期になるからです。

早く始めたほうがよいのはなぜか

つみたて投資の「序盤の『投資の成績（B）』を気にしないでいい」ということは、「いつ始めてもいい」ということです。最初に投資した商品が上がったり、下がったりすることが、最終的な「投資の成績（B）」に与える影響は微々たるものだからです。

「つみたて投資を始めるタイミングが重要でない理由」を、さらに詳しく解説します。

つみたて投資のスタートのタイミングは重要ではない

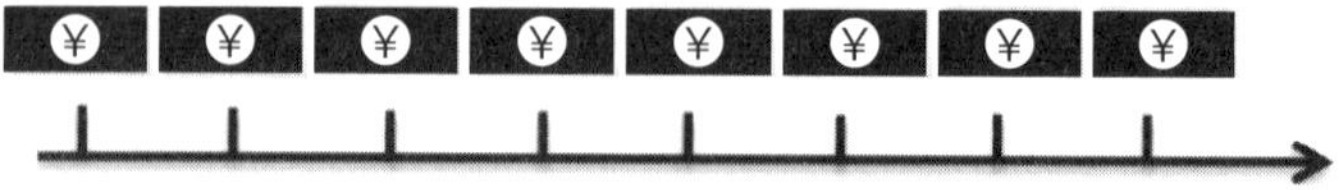

10年間で考えた場合、120回投資を行う
→スタートのタイミングは最初の1回にすぎない
→買付口数全体の120分の1の影響しかない

つみたて投資は毎月継続して投資していきます。10年間なら120回、20年間なら240回買いつけます。

スタートするタイミングとは、たくさんある買いつけの「初回」にすぎないのです。同じ金額ずつ投資していくので、初回が特別重要というわけではありません。

毎月1万円ずつ投資する場合、1回目に1万円を投資したら、2回目、3回目も同じように1万円ずつ投資していきます。

10年間のつみたて投資をするなら、それが120回来るのです。つまり、初回は、買付口数全体に対して、120分の1の影響しかありません。1%の影響もありません。始めるタイミングは「特別」ではなく、数ある「ルーティン」の一つにすぎないのです。

それでは、なぜ多くの人は「投資は始めるタイミングが重要」と思い込んでいるのでしょう？

第1章でも説明しましたが、多くの人は投資において「量」の視点を持っていないからです。

一括投資は「量」を最初にまとめ買いしているだけ

投資の成績＝量×価格

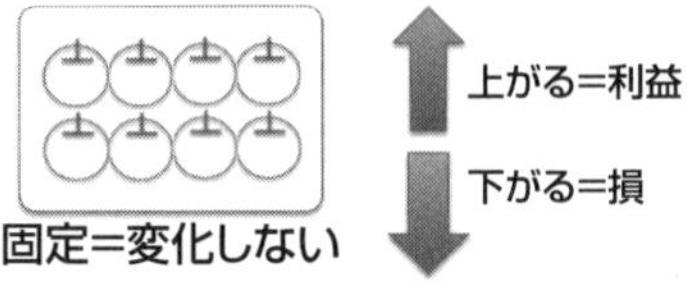

一括投資の場合、「量」を最初にまとめ買いし、その後は変化しない＝「価格」で投資の成績が決まる

一括投資の場合、最初にまとめて投資します。つまり、最初の「価格」でまとめ買いをしますので「量」は投資期間が終了するまで決まっている（変化しない）ということです。リンゴでたとえるなら、一度に箱買いしている状態です。

追加投資をしない限り、その「量」は変化しません。ですから、まとめ買いしたときの「価格」より上昇すれば利益が出て、下がれば損になります。

つまり、「価格」だけでそのまま「投資の成績」が決まるのです。

これまで、投資における「量」の切り口の説明がほとんどされてきませんでした。投資は「価格を当てるもの」「博打のようなもの」という歪《ゆが》んだイメージが広がったのは、「量」の視点が欠落しているための弊害です。

ここではもう一歩踏み込んでアドバイスします。つみたて投資をするなら、早く始めたほうがいいです。理由は、たくさんの「口数」を買い込めるからです。

図2-② 世界株式の価格（基準価額）の推移

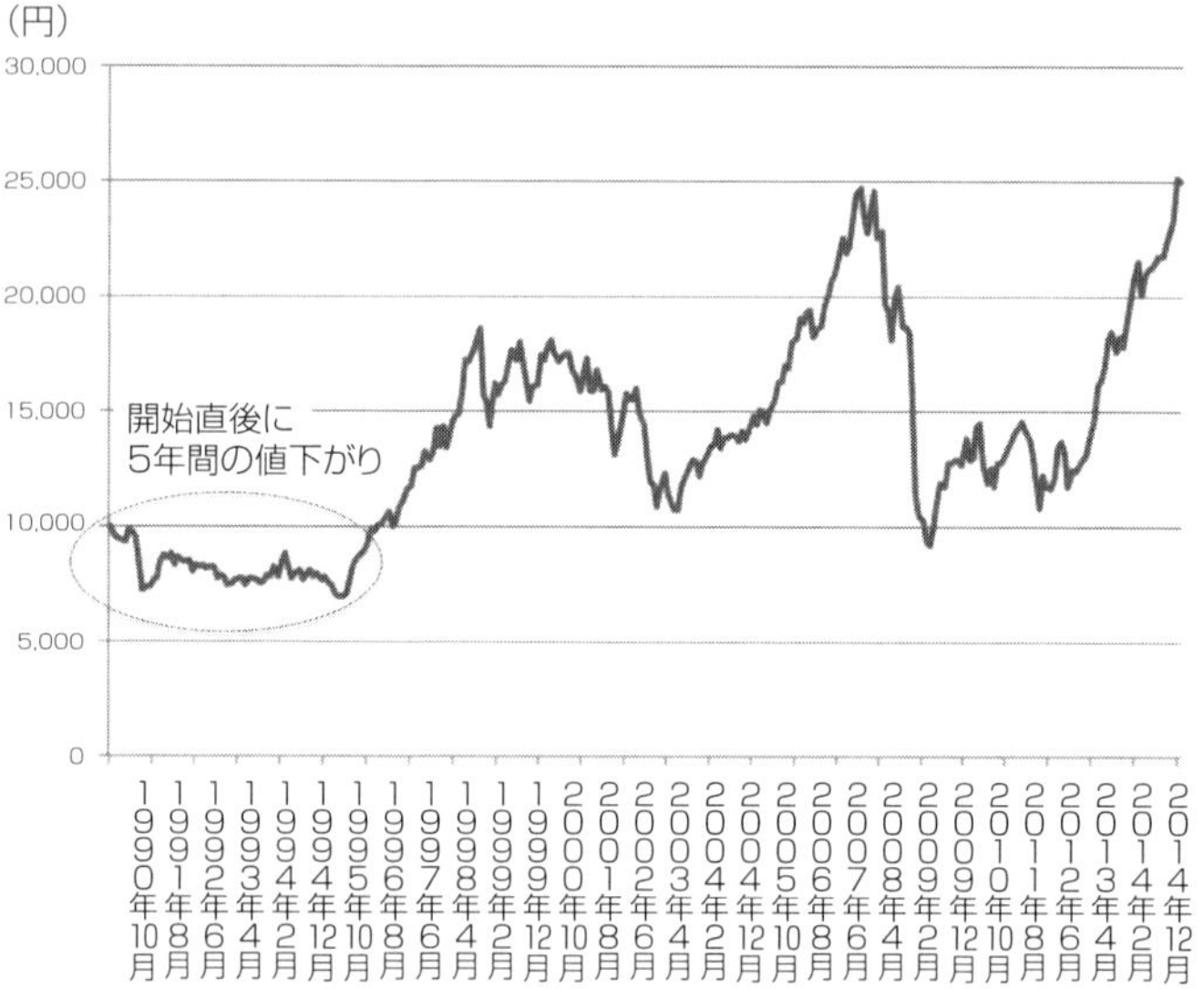

出所：MSCI World Index〈円ベース〉

「3年前から始めている人」と「これから始める人」では、すでに「量」で大きな差がついています。「3年前から始めている人」のほうが大量に買い込めています。

「今日から始める人」と「3年後から始める人」を比べても、同じように、早く始めた人のほうが多くの「量」を買い貯めることができます。序盤は価格がいくら下がっても構いません。つみたて投資をしようと思ったなら、すぐに始めてしまったほうがよいのです。

図2-③　投資の成績（時価総額）の推移

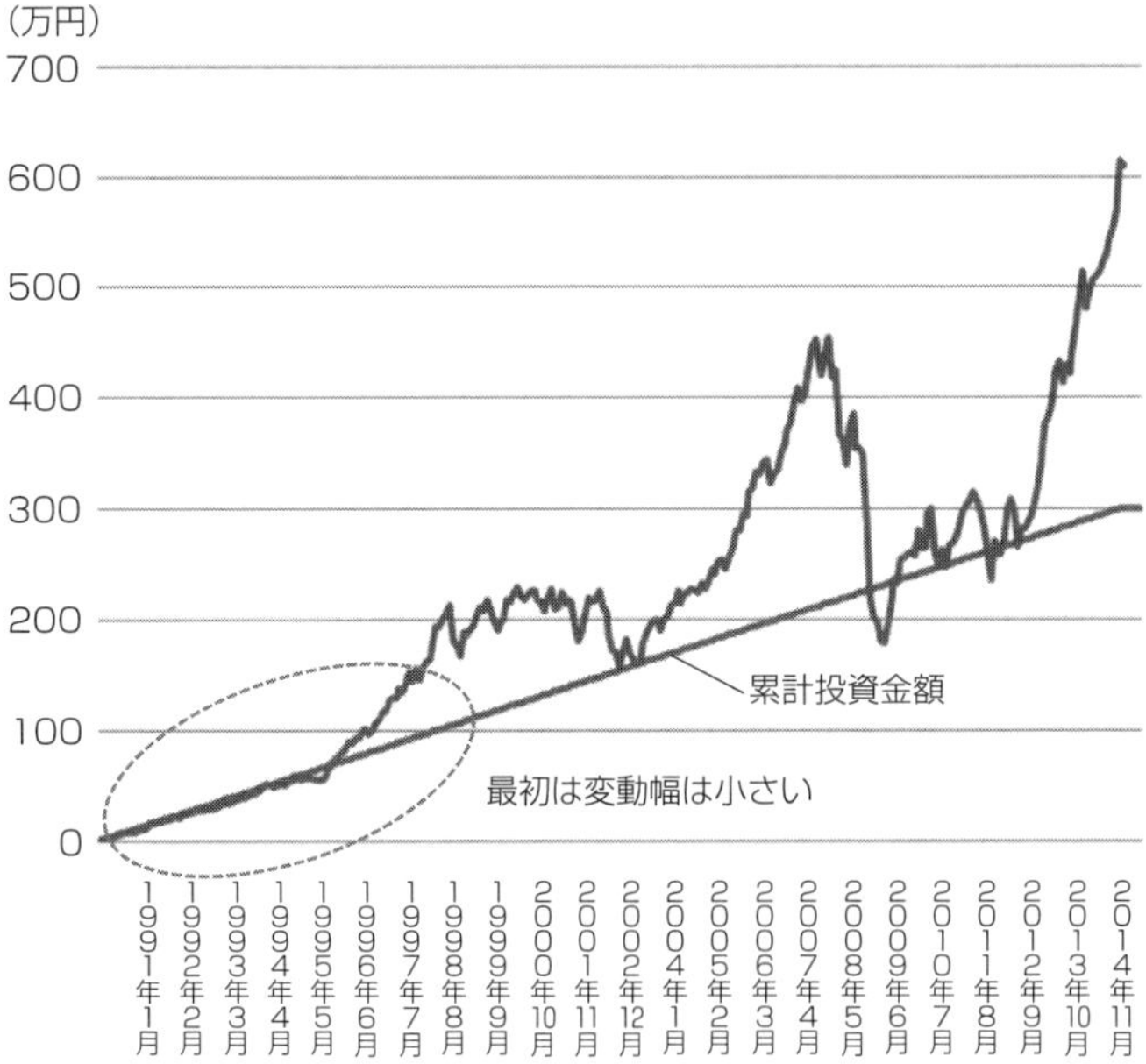

世界株式と新興国株式の事例

それでは実際の事例で確認しましょう。

前頁図2-②は1990年初から2014年末までの「世界株式」の価格の推移です。最初の約5年間は元本割れの状態が続いています。

このケースに毎月1万円ずつつみたて投資をした場合の成績の推移はどのようになるでしょうか？

正解はこちらのグラフ（図2-③）です。

最初の5〜6年の「投資の成績（B）」の変動は、全体の視点で見ると、非常に小さいのがわかります。理由は買えている「量」がまだ少ないからです。このように、つみたて投資は、序盤に投資した商品の「価格（A）」が値下がりしても、特に気にしなくてもいいのです。

もちろん、この変動幅を大きく感じるか小さく感じるかは、あくまで主観ですので人によります。ただ、つみたて投資の場合、後半になるにしたがい「量」が増えるので、前半よりも、後半の「商品の成績（A）」のほうが圧倒的に重要なのは、どのケースでも当てはまります。

もう一つ事例を確認します。次頁図2-④は、投資した商品の「価格（A）」が、序盤に値上がりしている事例です。これは新興国株式の1990年初から2014年末までの推移です。48頁に掲載した「世界株式」に比べ、値動きが大きいことがわかります。

前半の13年間の「価格（A）」に注目してください。ほぼスタート時を上回りながら推移し、一時期は2万円を超えて、スタート時の2倍以上にまでなりました。

これに毎月1万円ずつつみたて投資をするとどうなるでしょうか？

図２-④　新興国株式の価格（基準価額）の推移

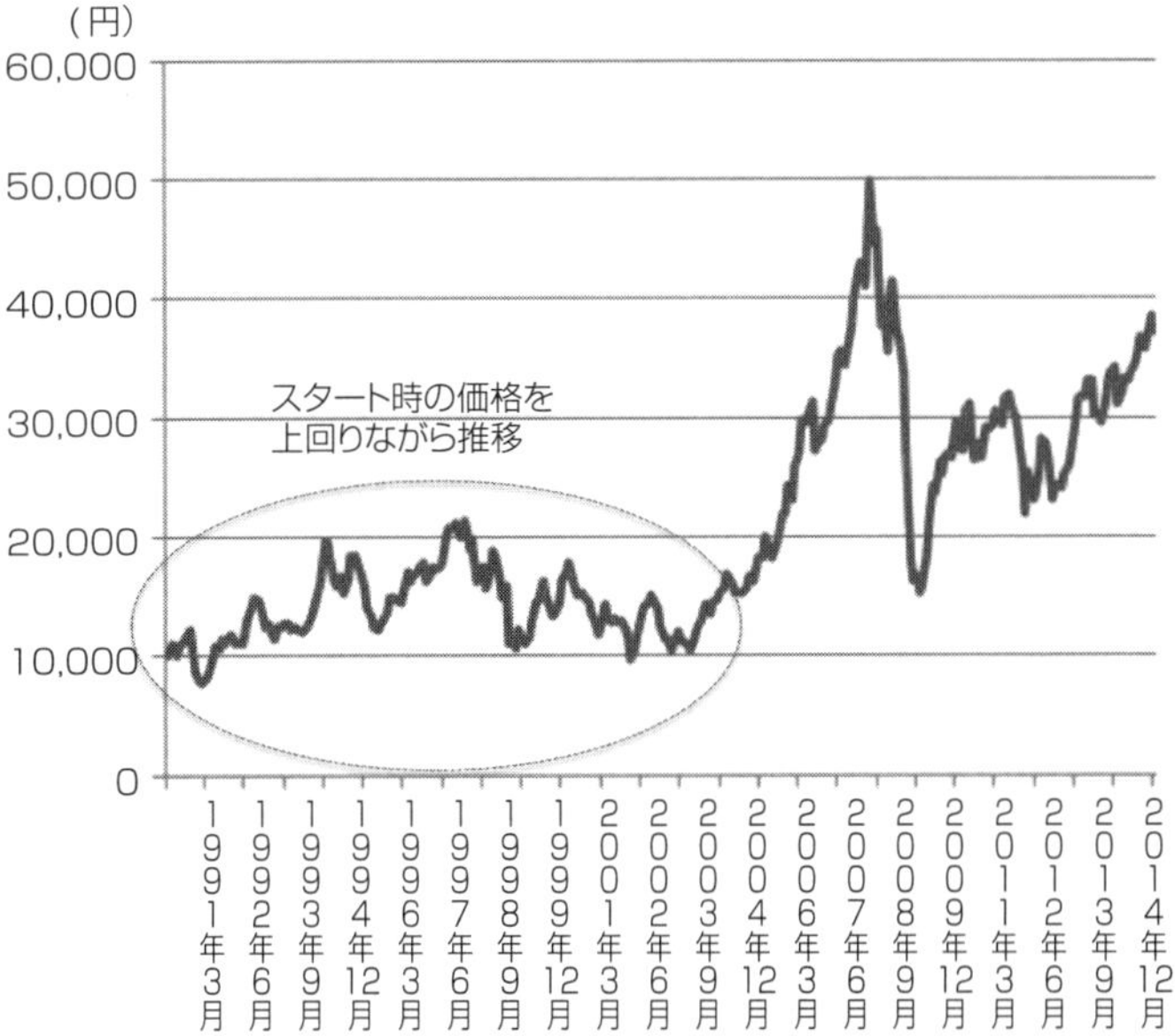

投資の成績は次頁図２-⑤のようになりました。序盤13年の「投資の成績（B）」の変動幅は、全体の視点で見るとあまり大きくありません。

投資するのはお金？　時間？

お金を貯めるには、大きく分けて2つの方法があります。一つは、「お金」を投資する方法、もう一つは「時間」を投資する方法です。

まずは「お金」を投資する場合を考えます。

たとえば、1億円を借り入れ

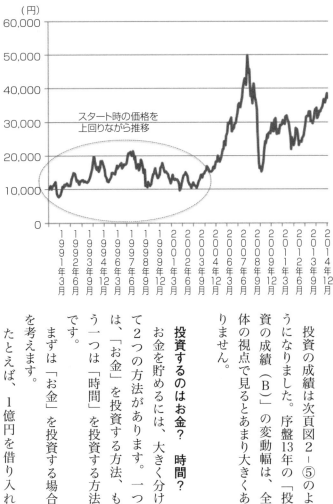

図2-⑤　投資の成績の推移

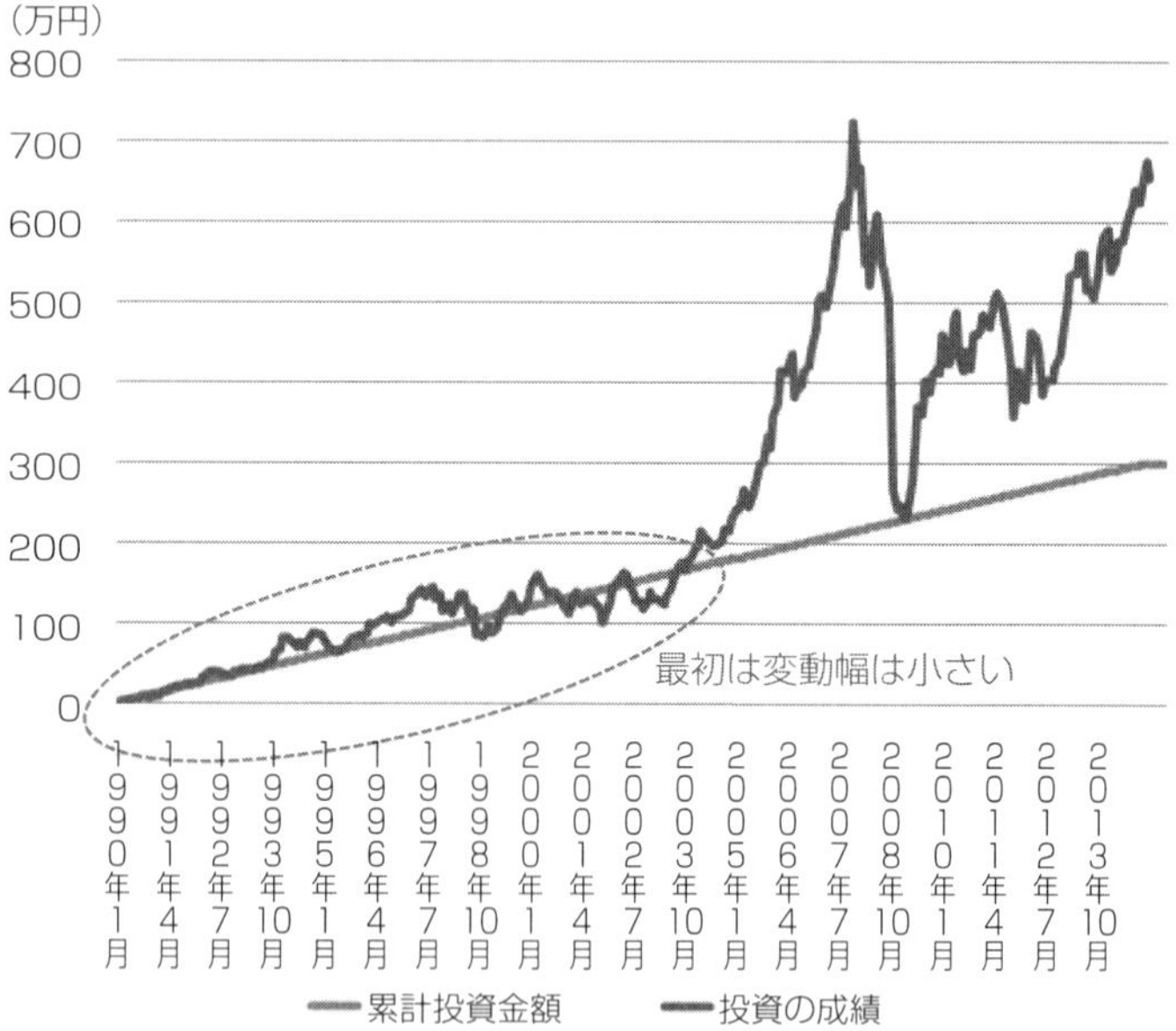

て、起業したとします。人を雇い、工場に設備を整え、製品を作ります。その事業がうまくいけば、お金を作れます。

　また、お金を借り入れて、不動産を買います。その物件がうまく賃貸でまわれば、借金を返済しながら、お金を作ることができます。

　お金を投資する場合は、うまくいけば、あまり時間をかけずに資産を作れます。ただし、失敗したときは痛手を被《こうむ》ります。普通に会社などで働かれている方は「お金を投資する」方法には踏み出しづらいかもしれません。

2つ目は「時間」を投資する方法です。これは大きなお金は不要ですが、時間がかかる方法です。

たとえば、「自己投資」です。毎日、朝早く起きて外国語や専門知識の勉強をして、スキルや技能を身につけ、報酬を高めていく方法です。適切な方法でこれを継続すれば、時間はかかるかもしれませんが、能力を上げることで報酬を高め、お金を貯めることができます。

つみたて投資も「時間」を投資する方法です。時間をかけながらコツコツと口数を買い込みます。そして、世界経済の成長の波に乗って、資産を育てていく方法です。

この「時間」を投資する方法は、「習慣化」や「仕組み化」することが成功の秘訣《ひけつ》です。それができれば、ある程度の時間をかけて継続することにより、お金を「作る」ことができます。

「お金」も「時間」も投資しないで、資金を貯めることはできるのでしょうか？　しかし、それはギャンブルです。博打やデイトレード、バイナリーオプションなどです。言わずもがなですが、ギャンブルは資金を作る道ではなく、失う近道です。

つみたて投資は、「時間」を投資しながら、将来の資産を作る方法です。だから、始めるなら早く始めたほうがいいのです。

第3章　つみたて投資の疑似体験

本章では、つみたて投資の特徴を体感するために、25年間の疑似体験をします。つみたて投資を始めるのに年齢は関係ありません。私はよく、金融機関にセミナーの講師として呼ばれますが、70代、80代からつみたて投資を始める方を大勢目にします。90歳、100歳まで生きる時代です。本当の老後は、会社の定年ではなく、70～80代から始まるのです。

確定拠出年金に加入している、または加入できる方は、確定拠出年金を積み立てているイメージで考えてみてもいいでしょう。

ある投資信託に、毎月1万円のつみたて投資をしていきます。つみたて投資の期間は25年間です。その間の累計投資金額は、300万円（12万円×25年間）です。

ただし、誤解してほしくない点があります。つみたて投資は25年間やらなくてはいけないというわけではありません。1～2年はさすがに短すぎますが、10年程度できるなら、やる価値はあると思います。25年という期間に特別な意味はありません。

投資する商品は、ある時期からの日本株式に連動する投資信託です。本来、つみたて投資を行う場合は、後ほど詳しく解説しますが、「全世界」に分散するのが鉄則だと私は考えますが、今回は疑似体験なので、わかりやすく日本株のみにしています。25年後、あなたのつみたて投資の「成績」はどうなるでしょうか？　では、始めてみましょう。

図3-① 1年目終了時までの価格（基準価額）

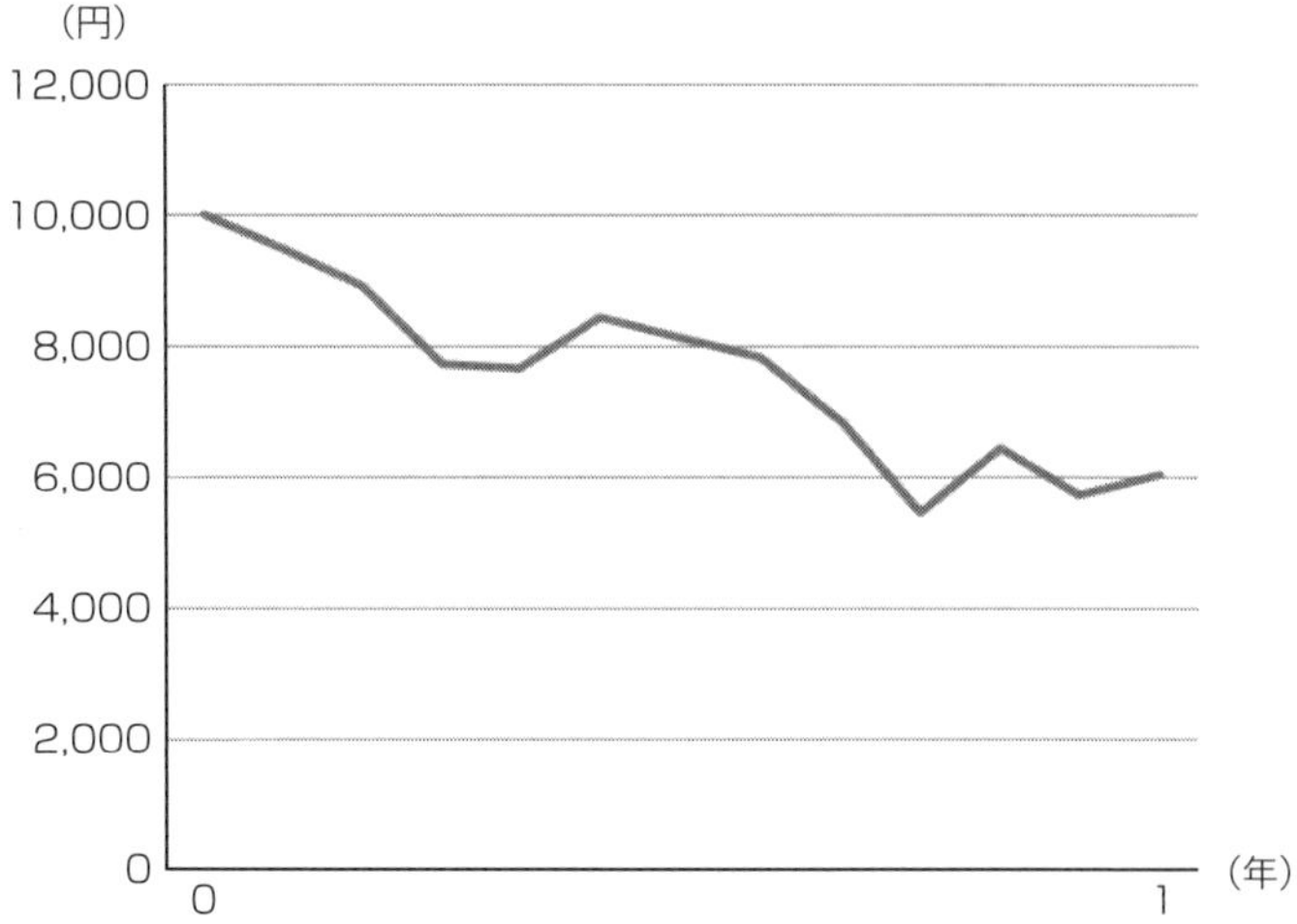

1年目終了時

1年目は「価格（A）」がこのように動きました（図3－①）。1万円でスタートしたのが、6017円まで値下がりしています。1年間で約40％も下がる大暴落になりました。

次頁の図3－②が1年目の「投資の成績（B）」の推移です。

直線になっているのが、投資した累計金額です。毎月1万円ずつ投資していくので、1年間の合計で12万円になっていきます。直線を上回っていたら利益が出ていて、下回っていると損になっていることを意味します。

図3-②　投資の成績（1年目末まで）

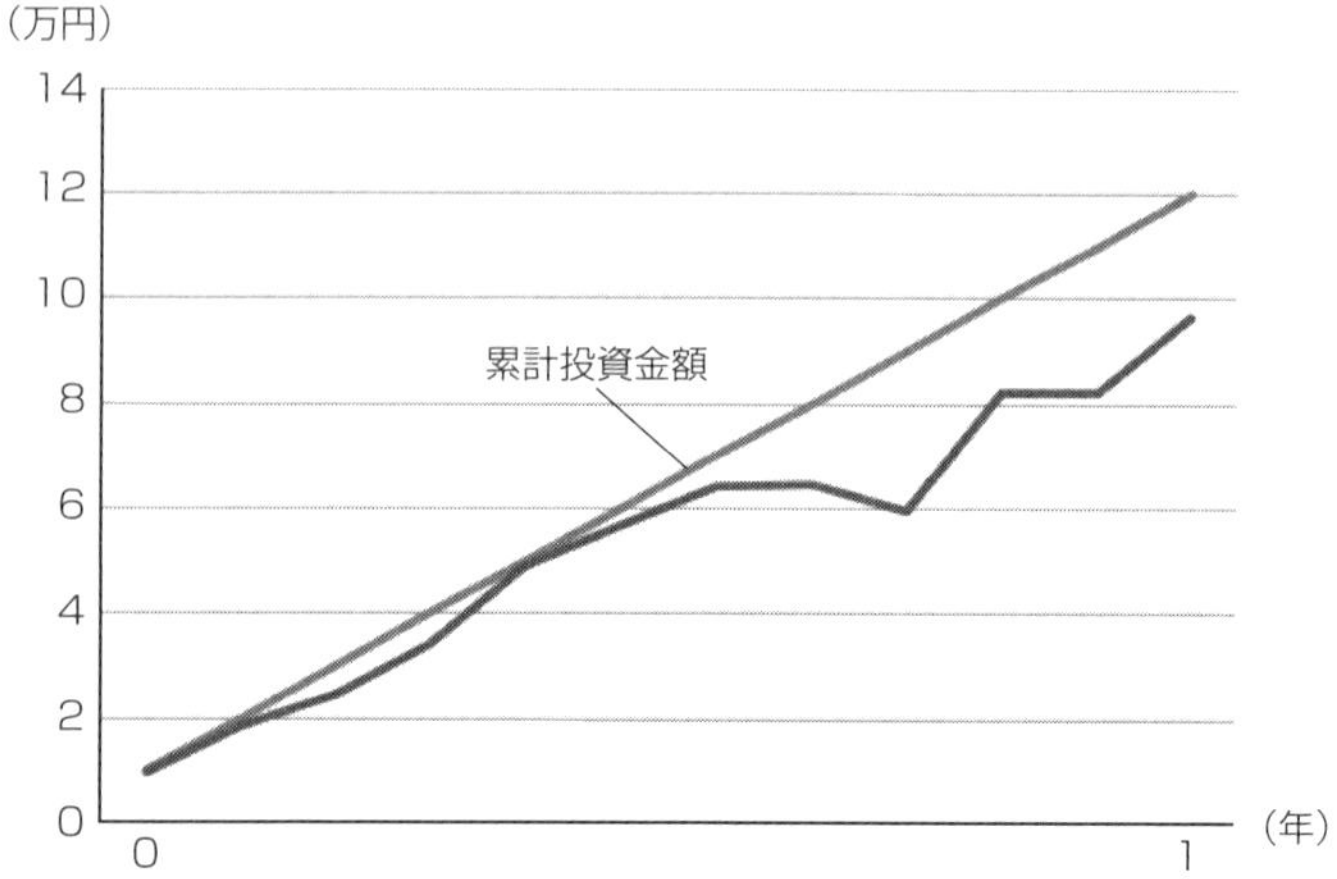

1年後の「投資の成績」は9万6617円でした。累計投資金額が12万円なので、2万3383円の赤字です。収益率は「マイナス19・5%」です。

12万円投資して、2万円以上も赤字が出ていたら、どうでしょう？　嫌な気持ちになってしまうと思います。

ただ、40%も価格が下がっても、投資成績のマイナスは約20%で収まっているという見方もできます。この時点では、こういう考え方を受け容《い》れるのはかなり難しいでしょうが、これはあくまで「疑似体験」ですので、あまり気にせず読み進んでいってください。

次に、毎月購入した「口数」の推移です（図3-③）。購入する「口数」は、商品の価

図３-③　購入口数（1 年目末まで）

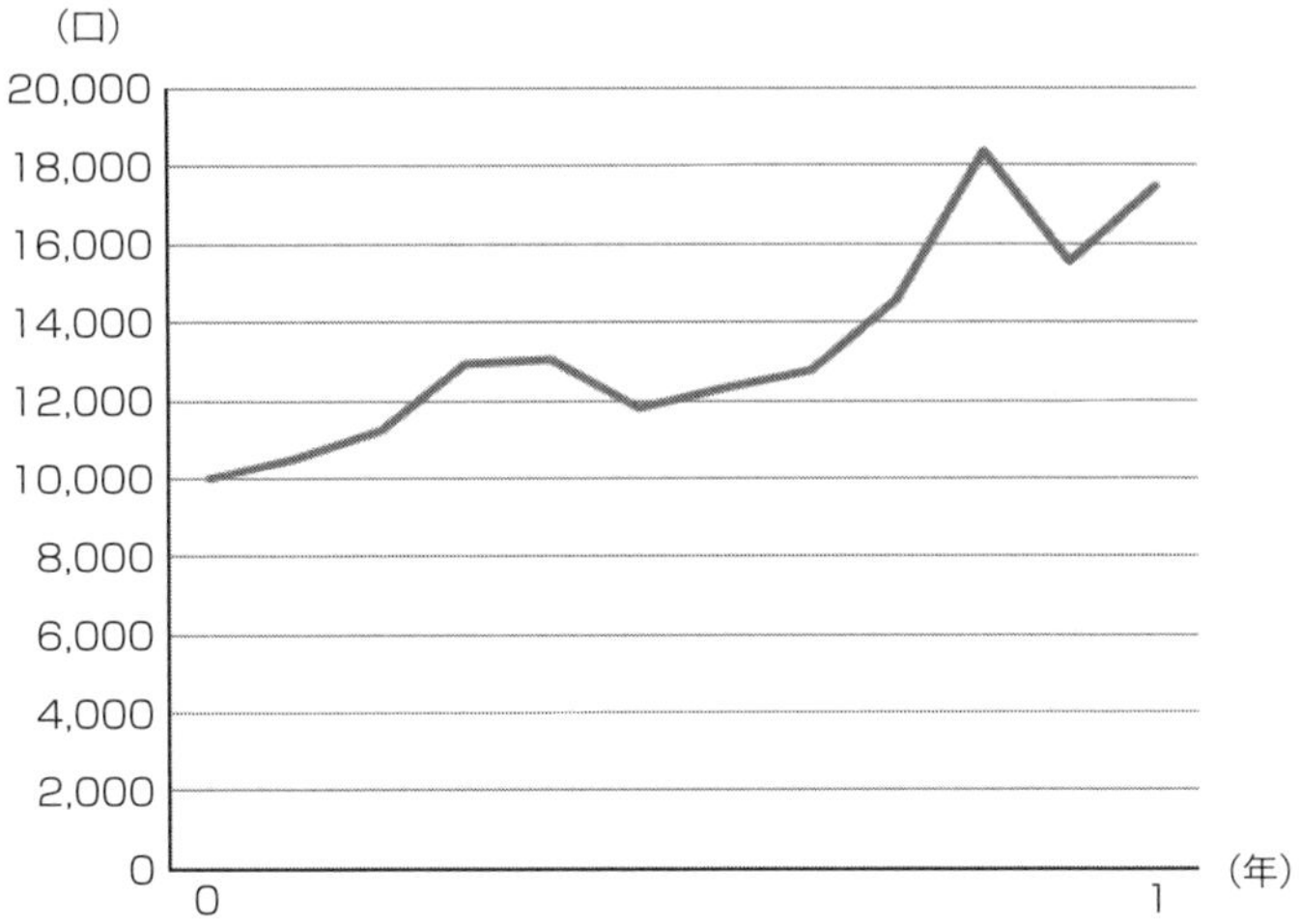

格が下落しているので、増えています。

この期間（1年間）で購入した口数の合計は「16万5７４口」でした。仮につみたて投資スタートの時点（基準価額1万円）で12万円をまとめて投資していたとしたら、購入できる口数は「12万口」になります。

つまり、つみたて投資をしたことで、約４万口も多く購入することができたのです。

つみたて投資の「成績」は、「『量』×『価格』」で決まるのでしたね。最後の「価格」は約40％下落していますが、その間に一括投資に比べて４万口も多くの「量」を購入しました。

「投資の成績（B）」は次のようになりま

した。

「量」（16万5 7 4口）×「価格」（6 0 1 7円）＝「投資の成績」（9万6 6 1 7円）

これで、1年目のつみたて投資が終わりました。

仮に、あなたが日本株式につみたて投資を行い、12万円を投資して1年後に2万円を超える赤字になっている成績表（運用報告書）を見たらどう思いますか？がっかりするかもしれません。やはり、預金にしておくほうが安全だと思うかもしれませんね。手許の報告書を見ている自分をイメージして、2年目に行きましょう。

※基本的に投資信託の価格は、1万口当たりの価格を示しています。実際に電卓などで計算するときは、最後に1万で割ります。

図３-④　２年目終了時までの価格（基準価額）

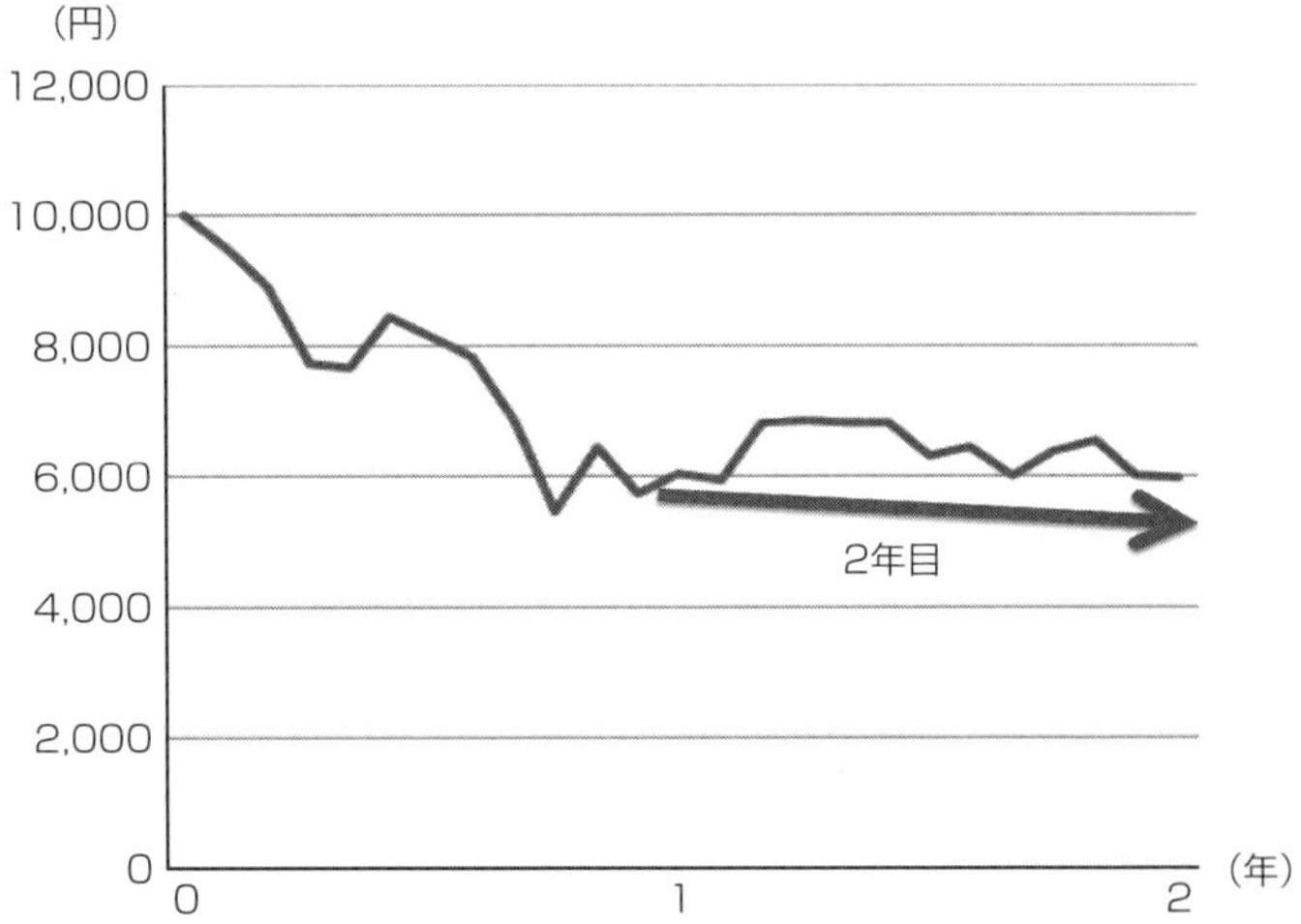

２年目終了時

図３－④は、つみたて開始から2年目末までの「価格（A）」の値動きです。

2年目はあまり大きな動きはなく、横ばいといったところでしょうか。1年目の終わりに6017円だった「価格」が、この2年目末には5951円と、ほんの少しだけ下がっています。つみたてをスタートしたときからほぼ4割下がった状態であることは、1年目末とほとんど変わりはありません。

この状態だと、あまり「投資の成績（B）」に期待が持てません。果たして、どのようになったでしょうか。

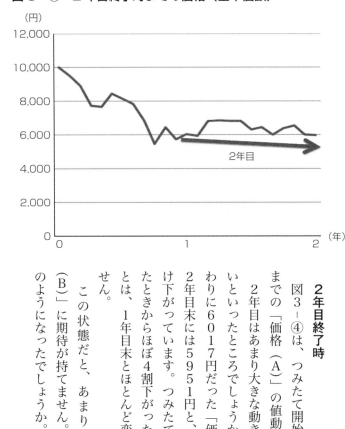

図３-⑤　投資の成績（２年目末まで）

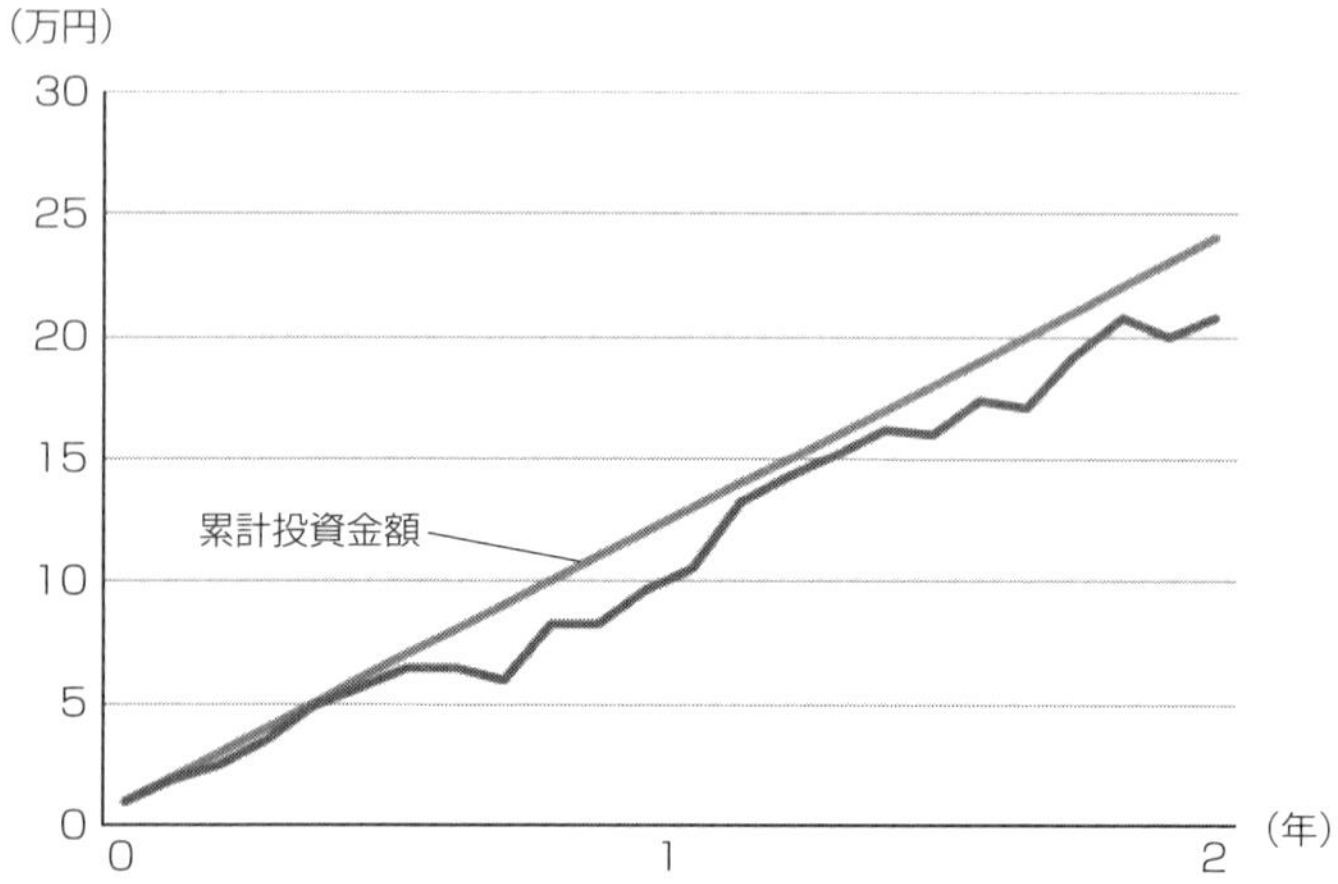

「投資の成績（B）」は次の通りです（図３-⑤）。直線が「投資した金額の合計」です。スタートから2年間なので累計投資金額は24万円です。

「投資の成績（B）」は20万７２７５円になりました。３万２７２５円の赤字です。投資金額に対する収益率は「マイナス13・６％」です。

1年目末の時点で「マイナス19・５％」の赤字だったので、少し収益率は改善されましたが、まだ1割以上の赤字です。

次頁の図３-⑥は、購入した口数の推移です。２年目は毎月1万５０００～1万６０００口程度を購入できています。スタート時より価格が４割ほど下がって推移しているの

図3-⑥　購入口数（2年目末まで）

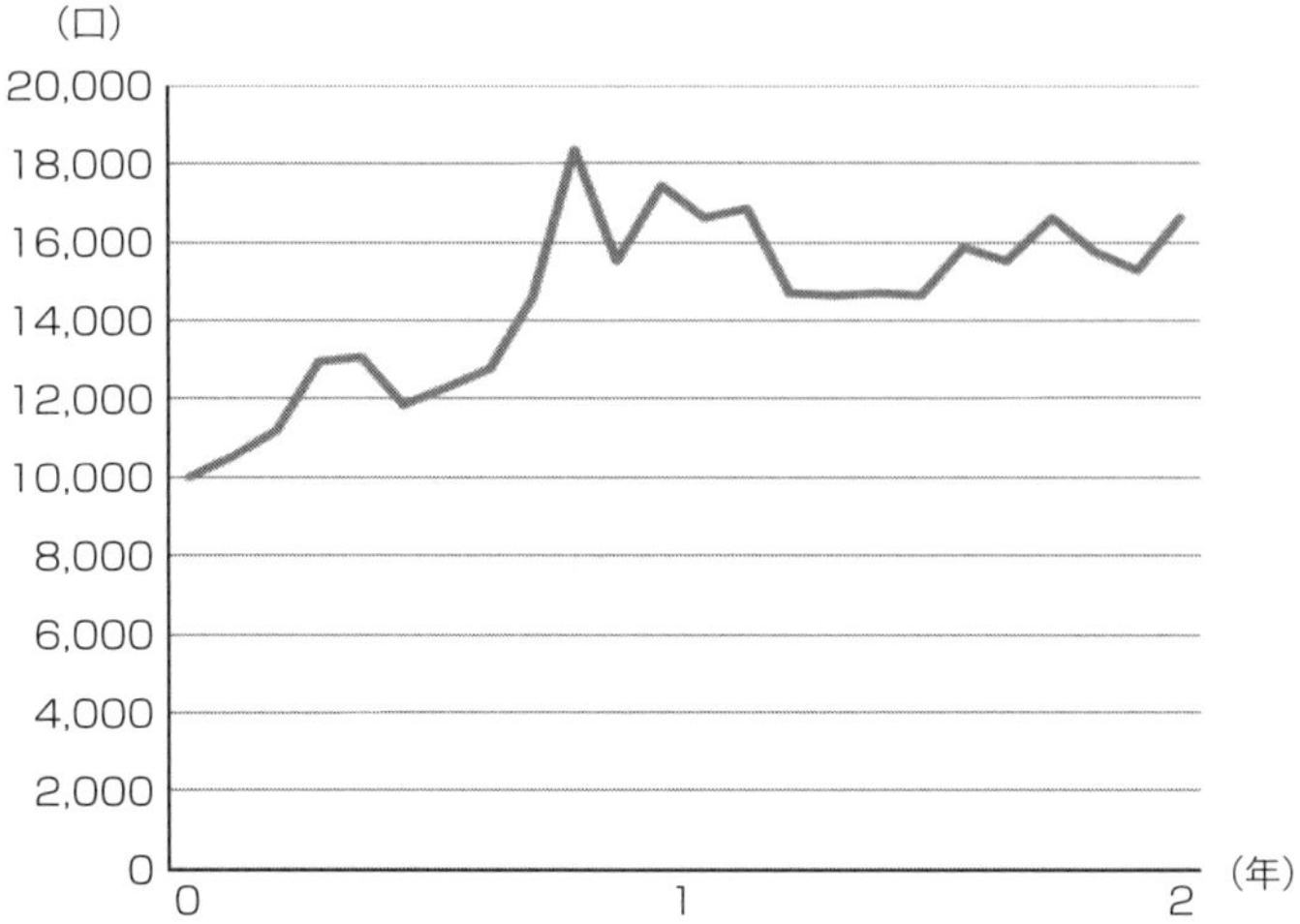

で、たくさん買い込んでいるのです。

結局、2年間で合計「34万8303口」を買いました。1年目は「16万5574口」でしたが、2年目は「18万7729口」を購入できました。つまり、1年目より約2万7000口、多く買えたのです。

ちなみに、一括投資をした場合との口数の比較をしてみましょう。

つみたて投資スタート時、つまり基準価額が1万円だったときに、仮に24万円を一括投資していたとすると、「24万口」を買えたことになります。それに比べて、この疑似体験のように「つみたて投資」をした場合、約11万口近くも多く購入できていています。

つまり、一括投資に比べて約3割も多く買えています。スーパーで食品を買うとき、30％増量になっていたらお得ですね。2年目までで順調に「量」が買えているのです。

式で確認すると次の通りです。

「量」（34万8303口）×「価格」（5951円）＝「投資の成績」（20万7275円）

あらためて、2年目が終わった時点の「投資の成績（B）」を整理します。

累計投資金額24万円に対して、「投資の成績」は20万7275円になりました。3万2725円の赤字になっています。収益率はマイナス13・6％です。

単純に成績だけを見たら、やはりがっかりするかもしれませんね。「2年間続けてきたのに、赤字なんて……。預金にしておけばよかった……」と考えてしまうでしょうが、ここはまだまだ「序盤」です。気を取り直して続けていきましょう。

図３-⑦　３年目終了時までの価格（基準価額）

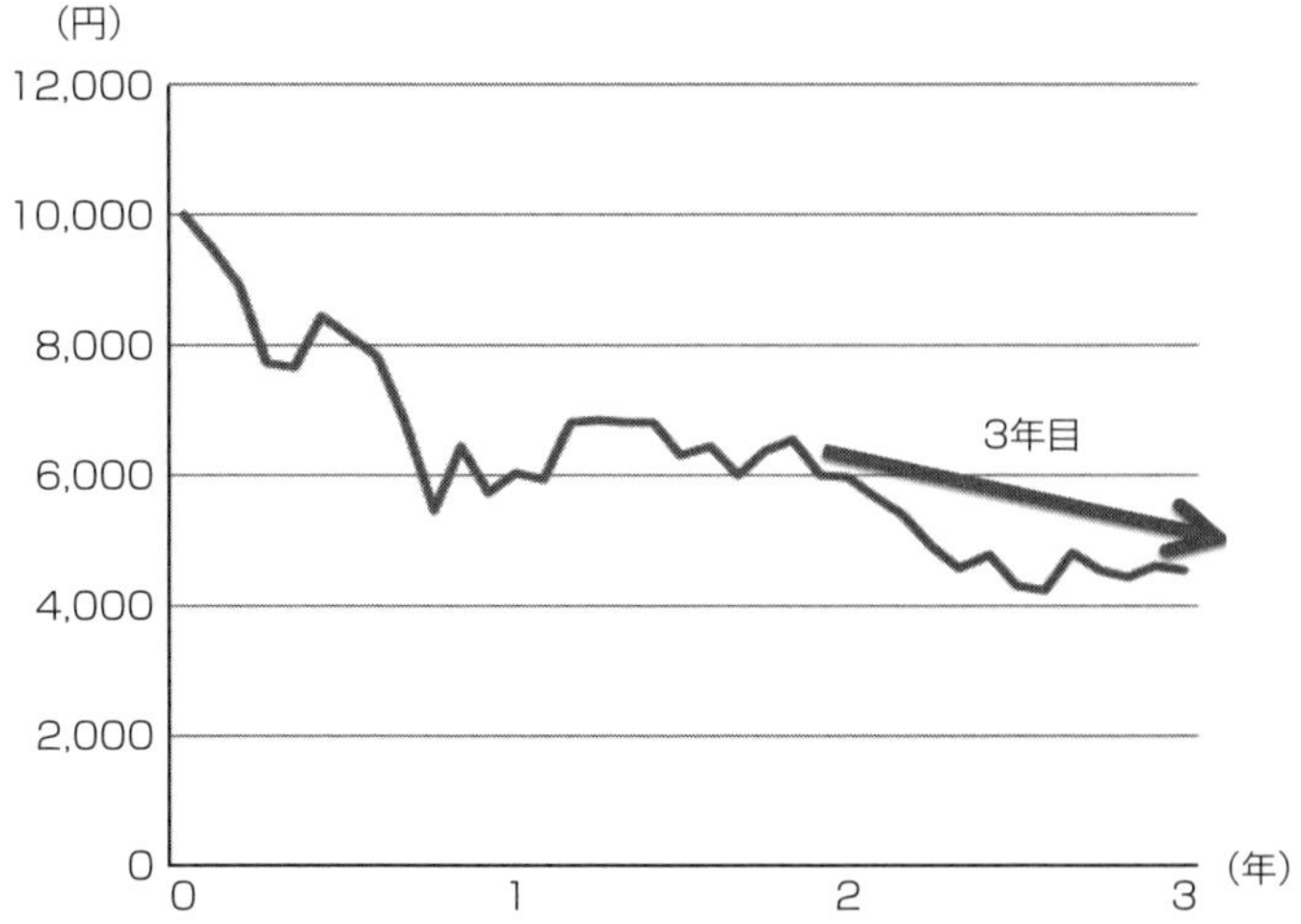

３年目終了時

３年目が終わり、３年間の商品の「価格」は図３－⑦のように推移しました。２年目末の５９５１円から、４５３８円まで下がってしまいました。スタート時と比べると、なんと54・６％も値下がりしています。

次頁の図３－⑧は、つみたて投資の「成績」の推移です。３年目末の「投資の成績(B)」は27万１５７８円です。３年間の累計投資金額は36万円ですから、８万８４２円の赤字です。約25％もの損が出ています。

これは、つみたて投資の特徴を理解して

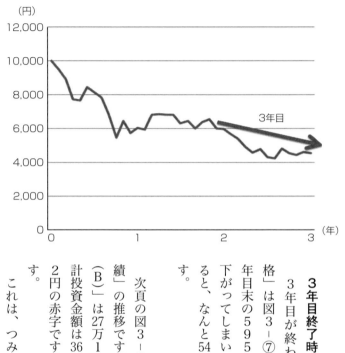

図３-⑧　投資の成績（３年目末まで）

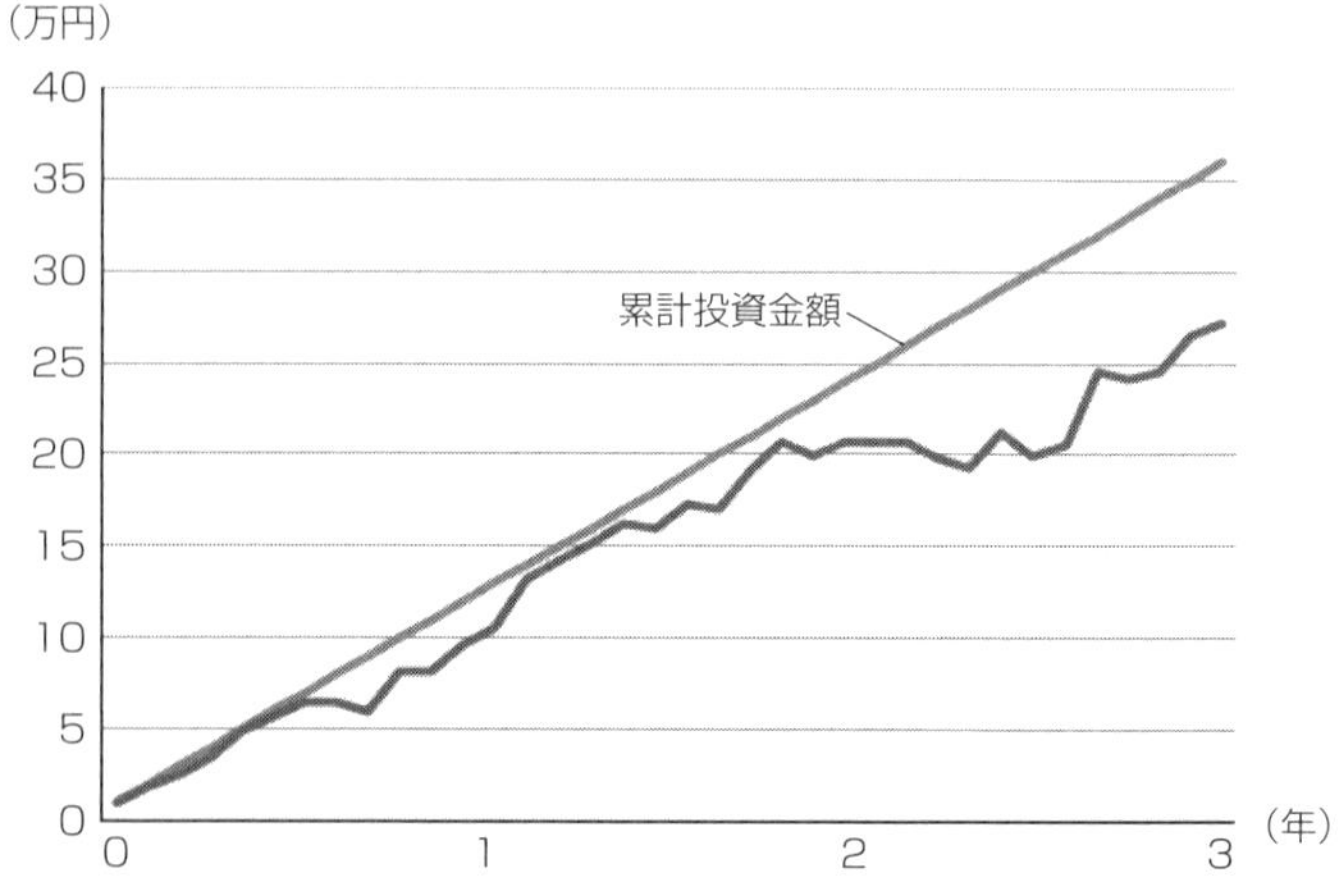

い人にとっては、厳しく、受け容れがたい成績だと思います。

「こんなに損をするなら、つみたて投資なんかしなければよかった……」「せめて1年目でやめておけばよかった」と後悔する人もいるかもしれません。

しかし、「購入口数」を見てください（次頁図３-⑨）。順調に増えています。２年目は1万5000～1万6000口程度を毎月購入していましたが、３年目はさらに買えた口数が増え、２万口以上買える月が続きました。もちろん、それだけ基準価額が下がったということも言えますが。

最も多い月は8ヵ月目の2万3635口です。つまり、スタート時に買えた1万口に比

図３-⑨　購入口数（３年目末まで）

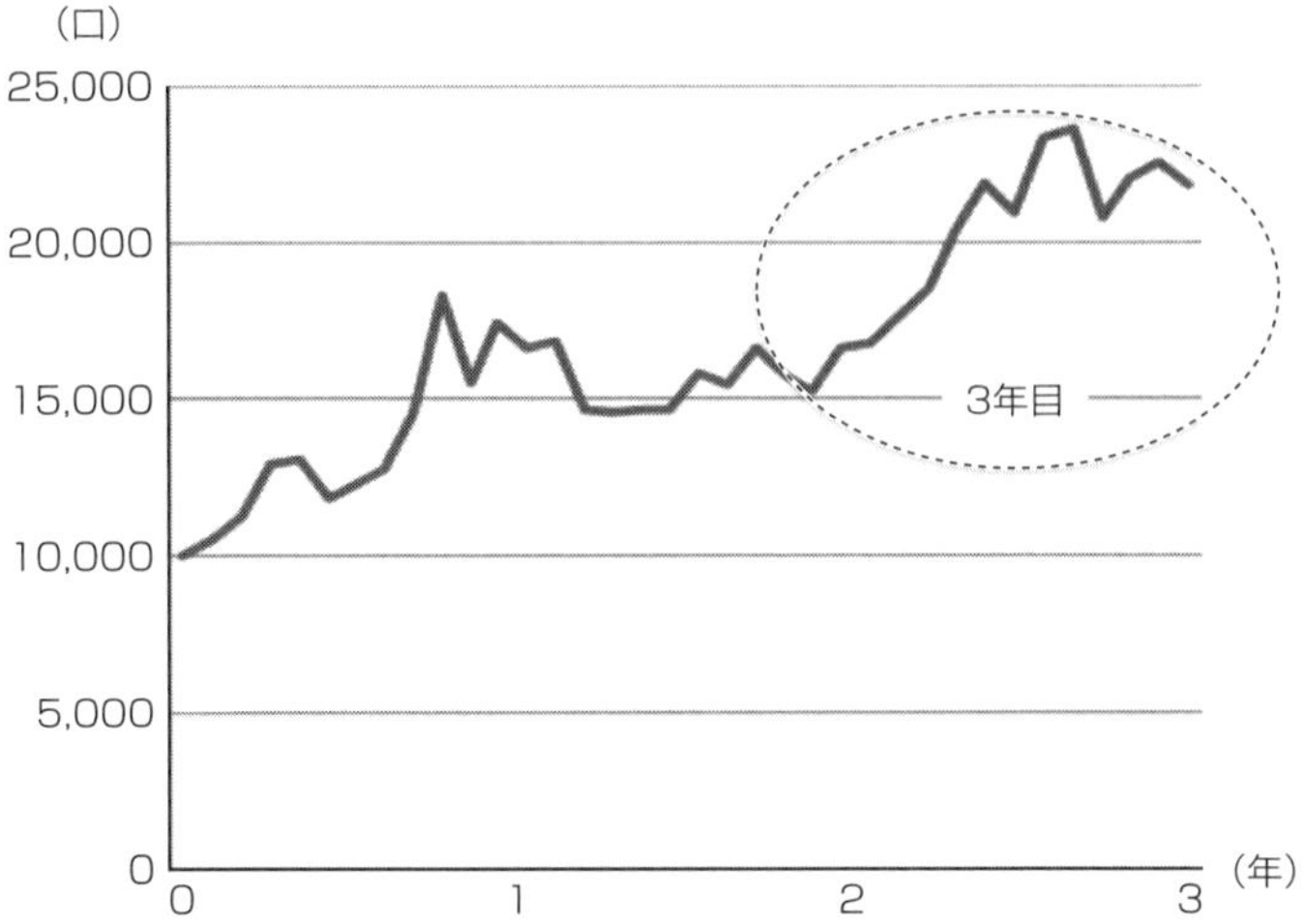

べて、はるかに多くの量を買えているので す。同じ金額で約2・4倍も多くの量を買えたら嬉しいですね。

たとえば、大好きなブランドの1万円の洋服に「40％オフ」の値札がついていたら、どう思いますか？　嬉しいですよね。6000円で購入できるからです。「洋服の場合、安いからといって同じものを2着は買わないけど」といった突っ込みはさて置き、欲しいものが安く買えると嬉しいという点では、「つみたて投資」も同じです。投資信託の値段が下がっているから、安くたくさん購入できているのです。

つみたて開始から3年目の1年間は「25万1499口」買えました。2年目よりさら

図3－⑩　累計購入口数（3年目末まで）

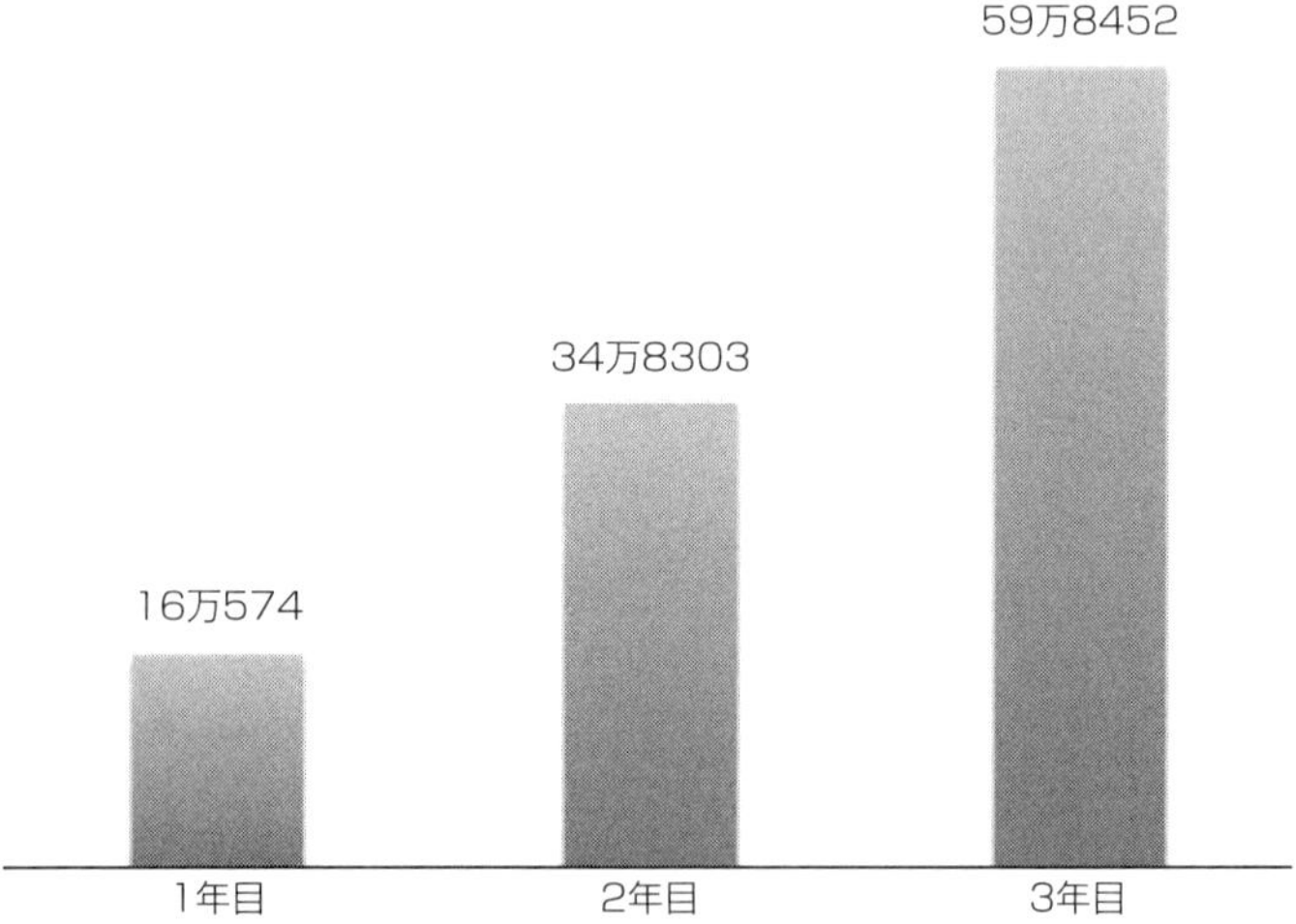

に6万口以上、多く買えたのです。

3年間で累計「59万8452口」買えました（図3－⑩）。スタート時の1万円のときに36万円を一括投資したら「36万口」なので、それに比べて約24万口、つまり約1・7倍も多く買えています。

この「量」が、後々、力を発揮します。今はまだ序盤で、力を貯め込んでいる状態です。高くジャンプしようとする場合、膝を深く曲げてから跳び出します。そうしないと高く跳ぶことはできません。それと同じで、つみたて投資も序盤・中盤の下落局面で「量」を買い込むことが重要です。それがエネルギーとなり、将来、資産を増やす原動力になるからです。

これが預金との違いです。預金は、「金

利」で増やす方法です。つみたて投資は、「量」で増やす方法です。金利がほぼゼロの日本では、「量」で増やす視点がますます重要になってきます。

投資の式で確認すると次の通りです。

「量」（59万８４５２口）×「価格」（４５３８円）＝「投資の成績」（27万１５７８円）

３年目が終わった時点のつみたて投資の「成績（B）」をもう一度確認しましょう。累計投資金額36万円に対して、「投資の成績」は27万１５７８円になりました。８万８４２２円、率にして約25％の赤字です。

ここまで頑張って続けてきても、「たくさん買えて満足」と思える人は少数派でしょうね。「なんとなく始めたけど、さすがにこの時点でもうやめよう」と考えてしまう人のほうが多いのではないでしょうか。３年目末の運用成績を見て、嫌な気持ちになってしまうかもしれません。気持ちはよくわかりますが、それでもコツコツとつみたて投資を続けていくとしましょう。

図３-⑪　５年目終了時までの価格（基準価額）

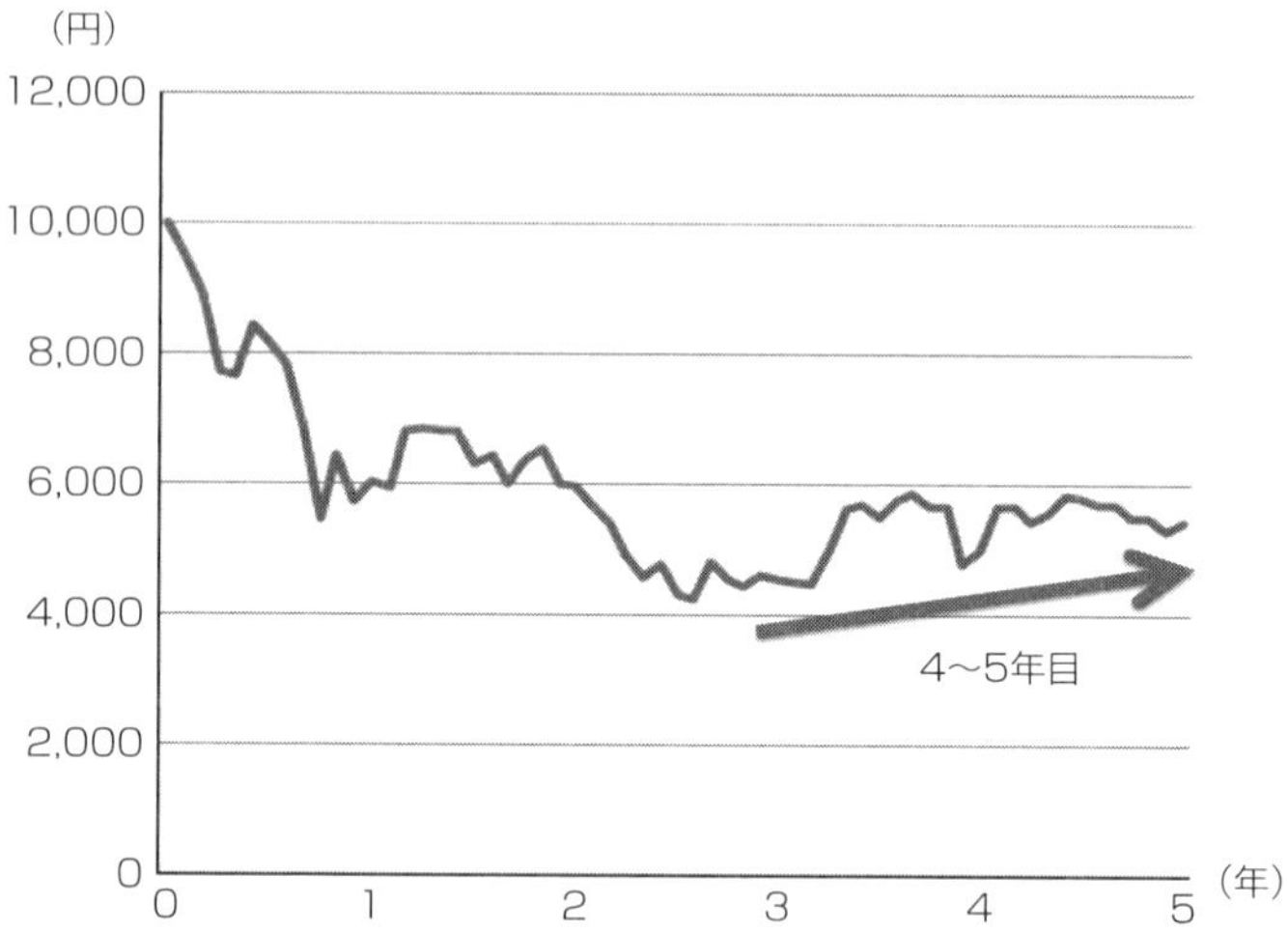

５年目終了時

つみたて投資を開始して5年が過ぎました。図３-⑪は「価格」の推移です。「価格」は５４１１円になり、３年目より少し戻りましたが、相変わらず低迷しています。

５年目末時点でのつみたて投資の「成績（B）」（次頁図３-⑫）を確認すると、56万６１３６円でした。５年間の累計投資金額は12万円×５年＝60万円です。まだ３万３８６４円の赤字です。

３年目末時点での「成績（B）」は８万８４２２円の赤字だったので、少し縮小しましたが、まだ赤字です。

図3-⑫　投資の成績（5年目末まで）

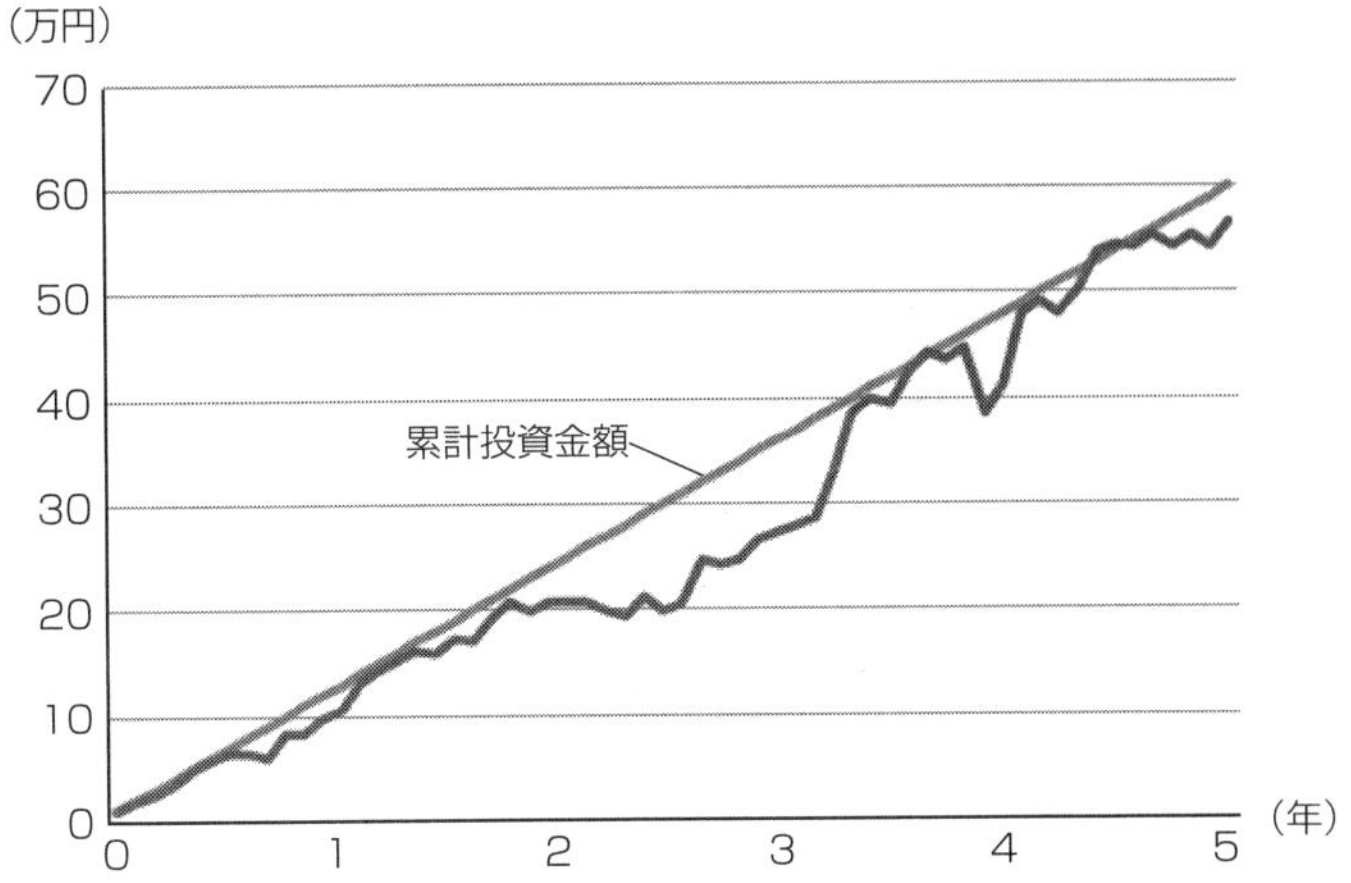

一方、値下がりが続いたことで、「量」は順調に買い込んでいます。4年目～5年目は毎月1万7000口前後を買い込んでいます（次頁図3－⑬）。

5年間の累計の購入口数は104万6269口になりました。最初にまとめて60万円を一括投資していたら60万口なので、約44万口も多く購入できています。5年間続けると、ずいぶんと量を買い込めた気がします。

ただ、5年間もつみたて投資を続けてきたのに、まだ赤字になっていることで、嫌気がさすかもしれません。それでも、不思議なことに赤字額が少しは減ってきていま

図３-⑬　購入口数（5年目末まで）

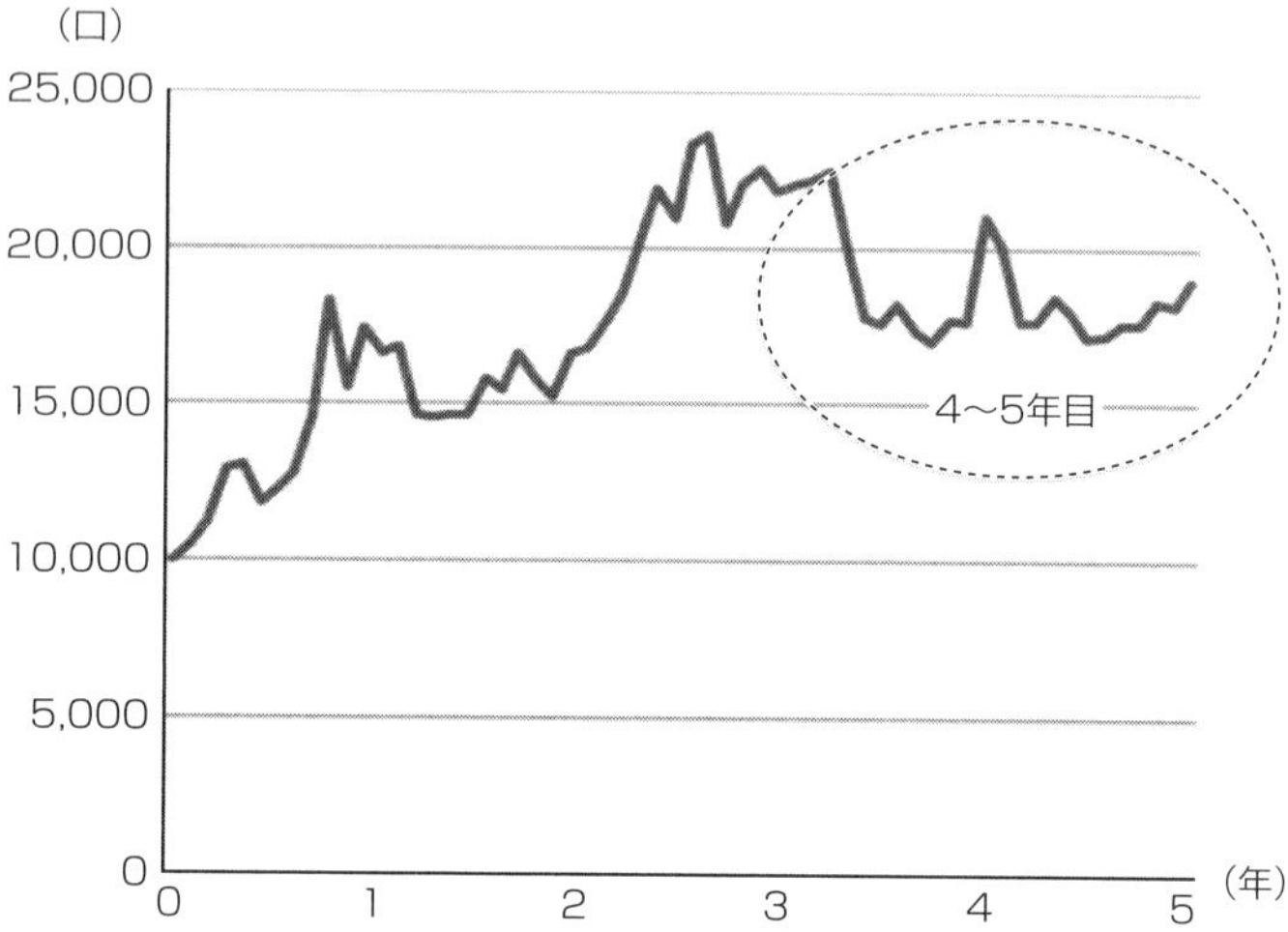

す。２年前が8万円以上の赤字だったのが、現在は約3万円の赤字と、5万円ほど改善はしているのです。

けっして完全に納得しているわけではありませんが、「つみたて投資を続けること」が習慣になってきました。

ここでも踏ん張って、しばらくそのまま続けていくことにします。

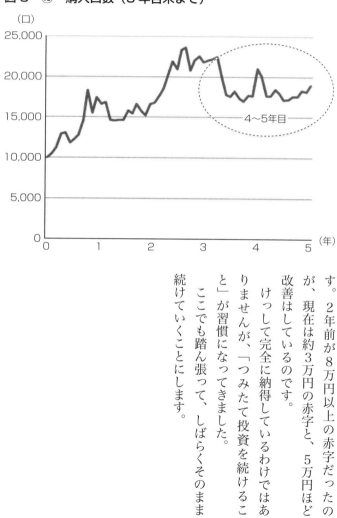

図3－⑭　10年目終了時までの価格（基準価額）

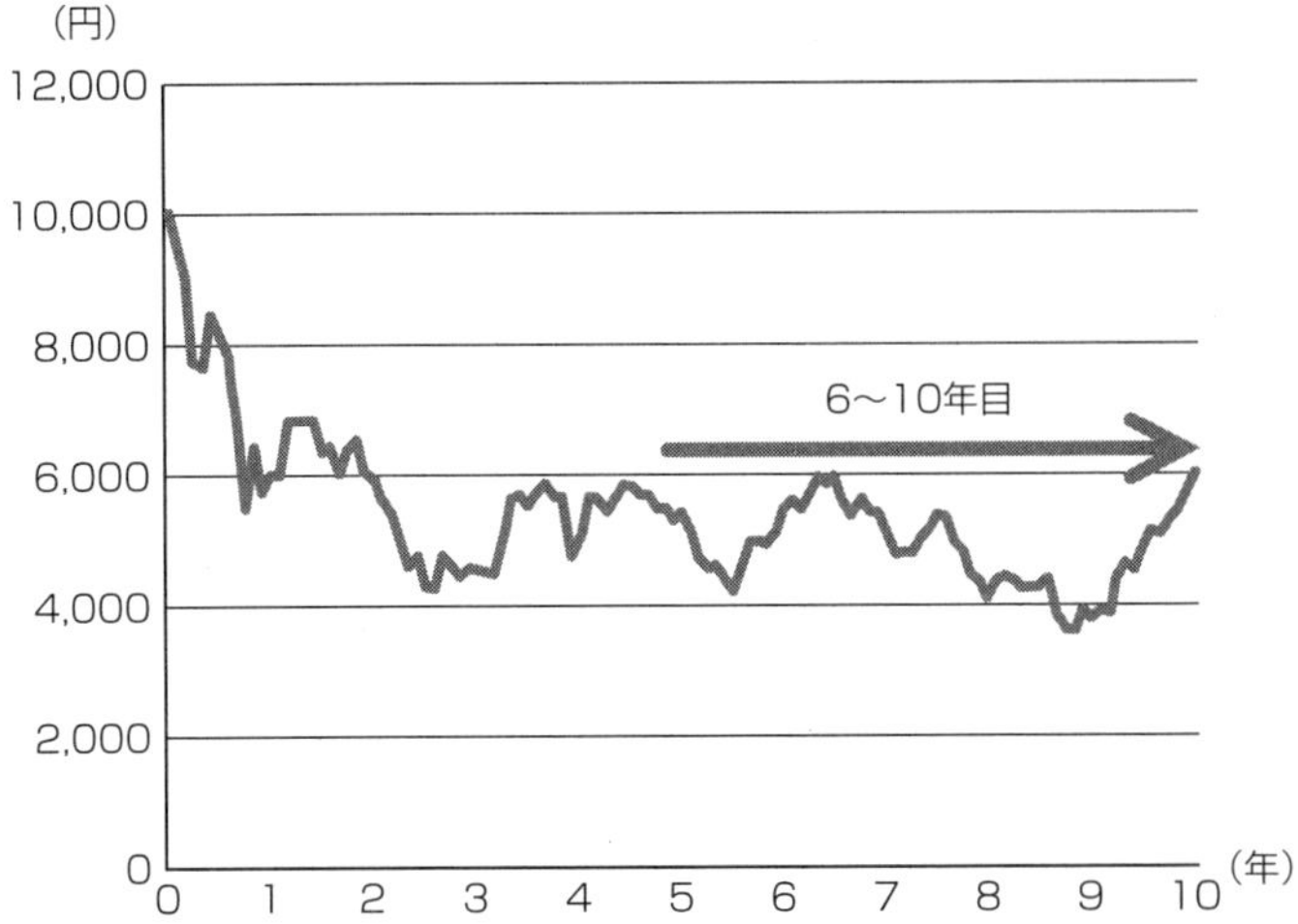

10年目終了時

10年目末になりました。図3－⑭のように、日本株式は相変わらず膠着《こうちゃく》しています。10年目の終わりに5977円になりました。

10年目末時点でのつみたて投資の「成績（B）」を確認してみると、138万768円になっていました。10年間の累計投資金額は120万円ですので、なんと、約18万円の利益が出ているではないですか（次頁図3－⑮）。

不思議な気がしませんか？「価格」はまだ6000円にも戻っていません。1年目末での価格（約6000円）を「暴落」

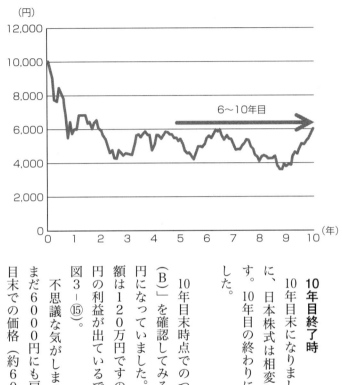

図３-⑮　投資の成績（10年目末まで）

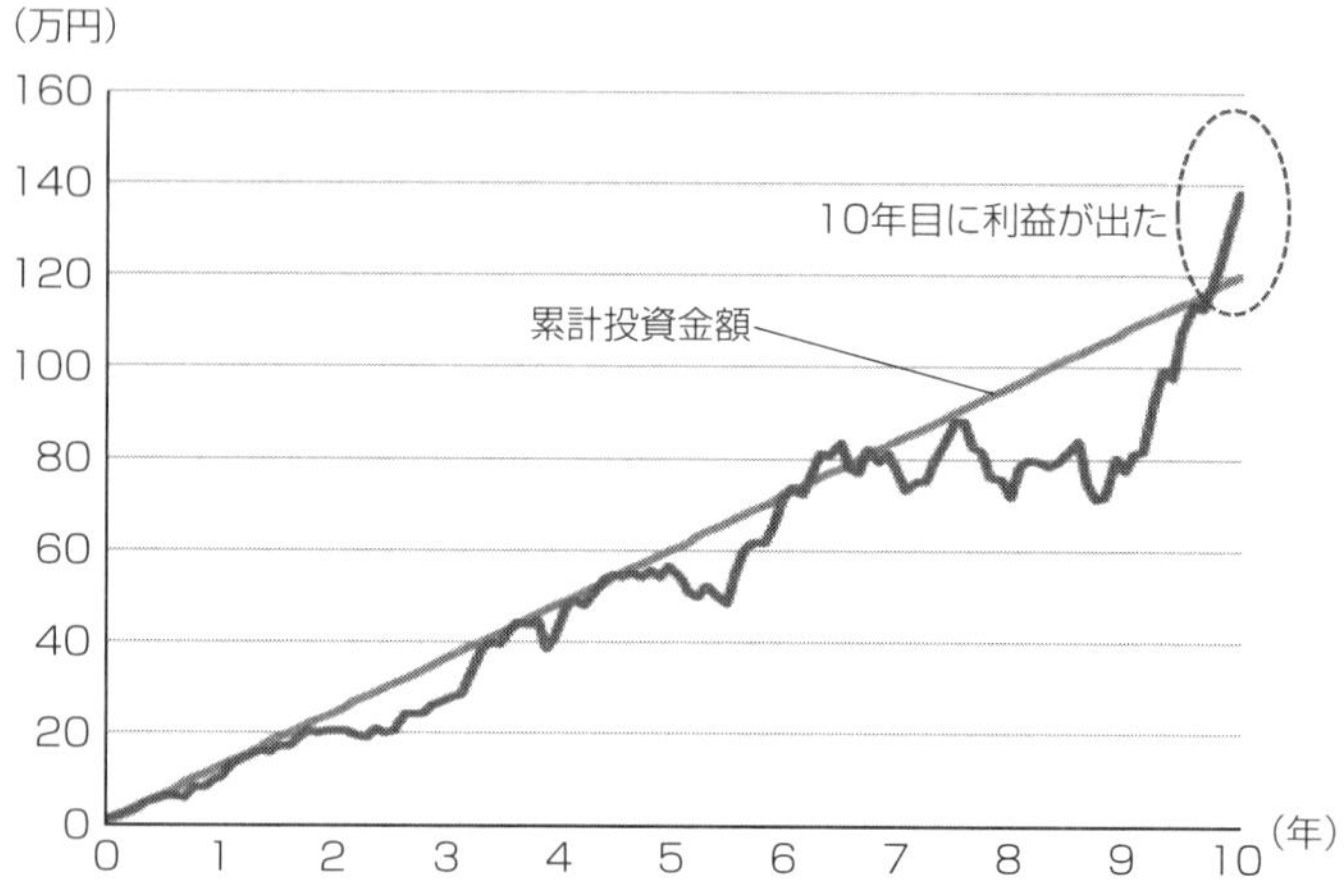

と書きましたが、そのときの価格すら割ったままです。それでも利益が出ているのです。

気がつけば、「つみたて投資」を開始して10年間が経ち、当初の価格1万円を回復した時期が一度もないばかりか、低迷したままと言える状態です。

しばらく赤字が続き、我慢の日々だったのですが、ようやく黒字になり、ひと安心です。

購入した口数をチェックしてみると、6年目から10年目の間も毎月2万口程度は買えていました。10年目の最初は約2万6000口も購入できています（次頁図３－⑯）。

累計の購入口数は231万135口になりました。投資した商品の価格は今なお4割以

図3-⑯　購入口数（10年目末まで）

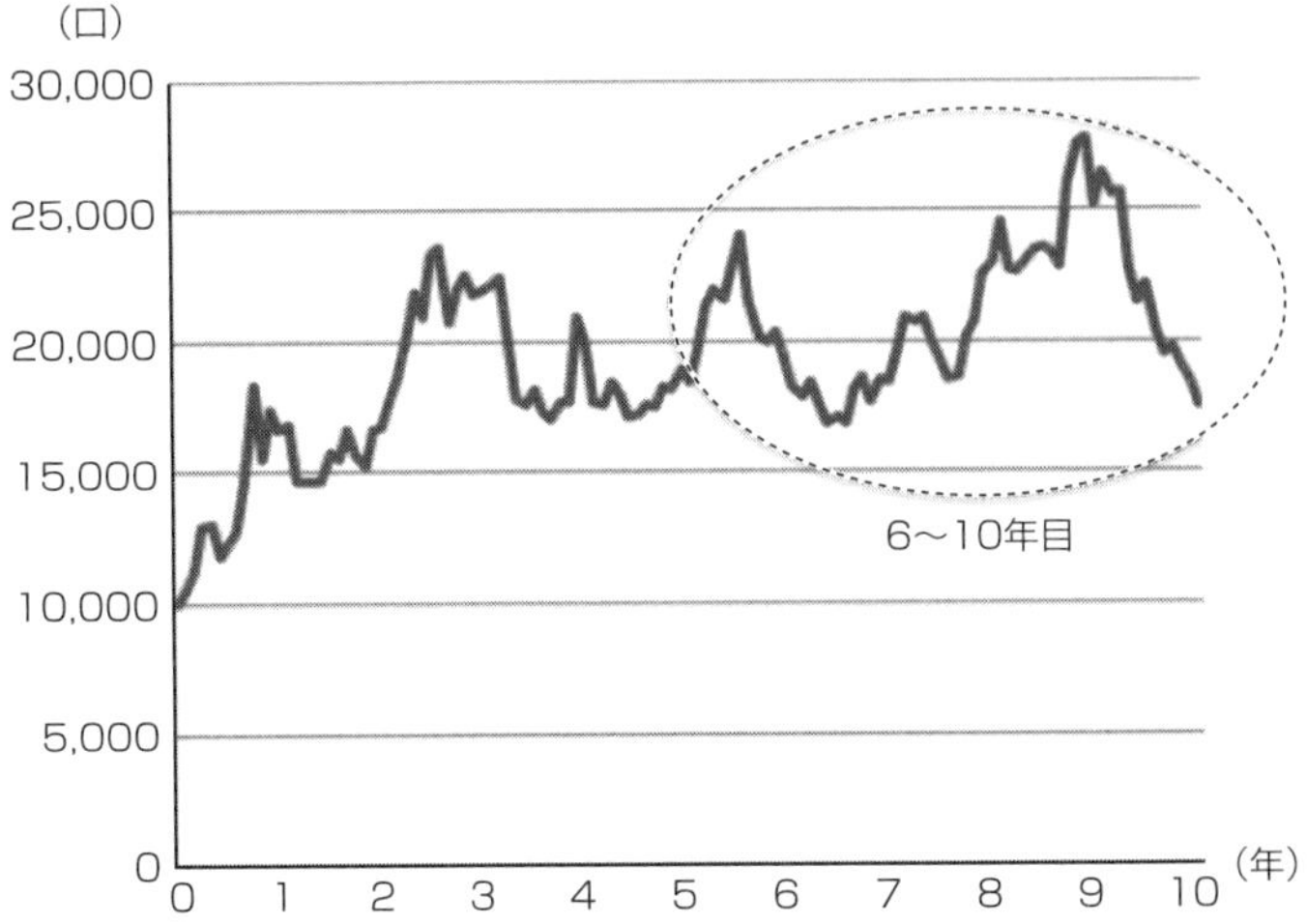

上下がっているのに、利益が出たのは、この買い込んだ「量」のお陰だと、ようやく実感することができました。

あなたは10年目を終え、ようやく利益が出て嬉しくなったことでしょう。我慢を重ねてきた甲斐《かい》があったということです。

10年経って、やっとつみたて投資への心配が和《やわ》らぎ、安心して続けていける気がしました。

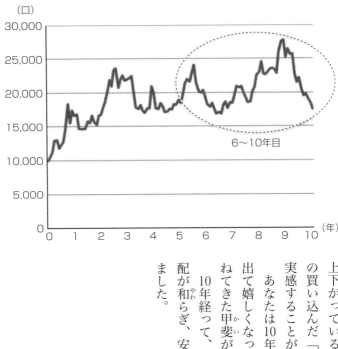

図３－⑰　13年目終了時までの価格（基準価額）

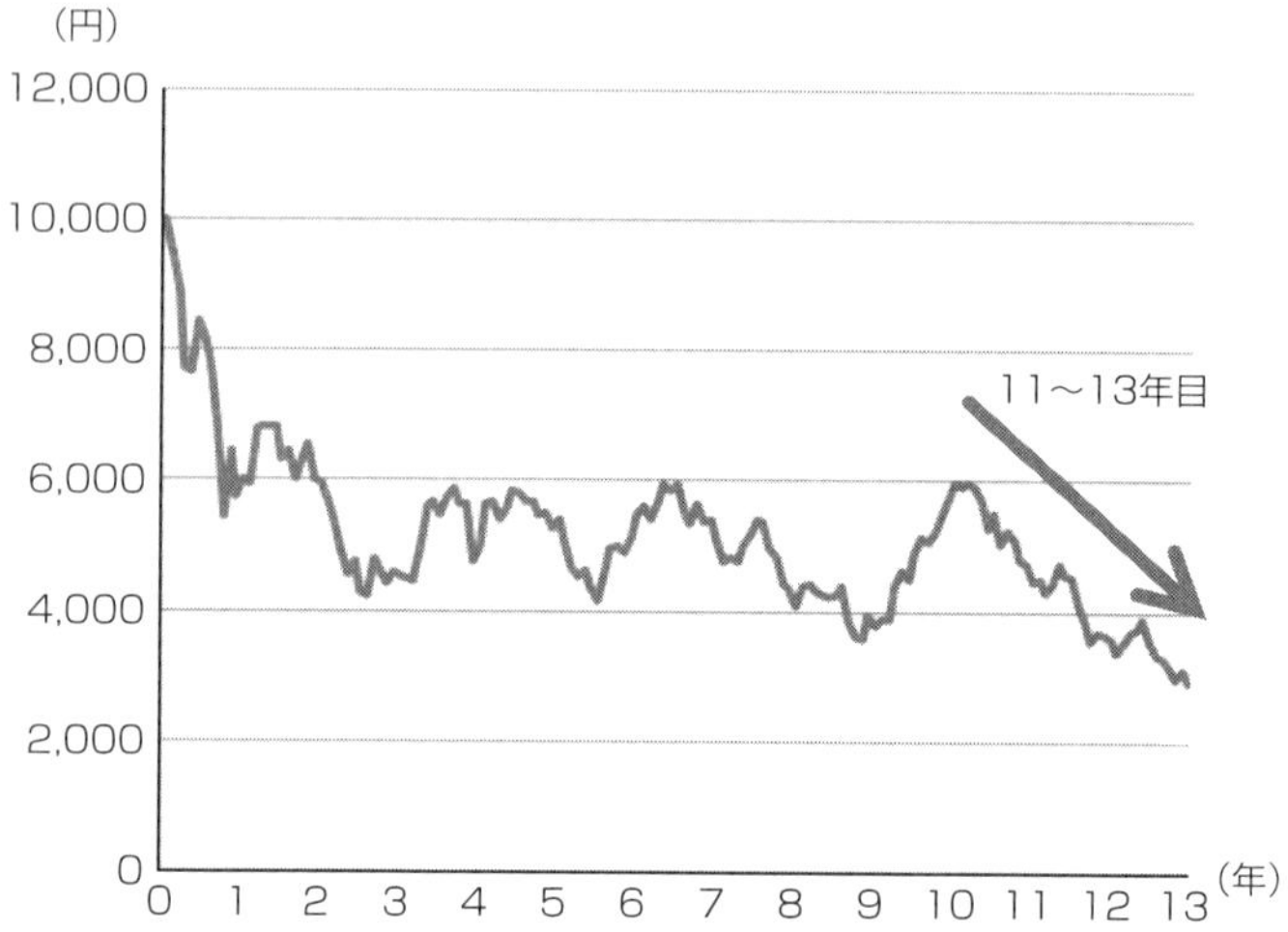

13年目終了時

10年目末でようやく黒字が出てひと安心していたら、再び株式市場が下がり始めました。10年目末時点で約6000円だった価格が、13年目末の時点で、3000円を割ってしまいました（図3－⑰）。なんと、スタートしたときの価格から7割以上下がっていることになります。あなたはかなり憂鬱な気持ちになりました。

このときの「投資の成績（B）」について確認してみると、案の定、大幅に赤字が出ていました（次頁図3－⑱）。累計投資金額156万円に対して、「投資の成績（B）」は92万8493円となり、63万15

図3-⑱　投資の成績（13年目末まで）

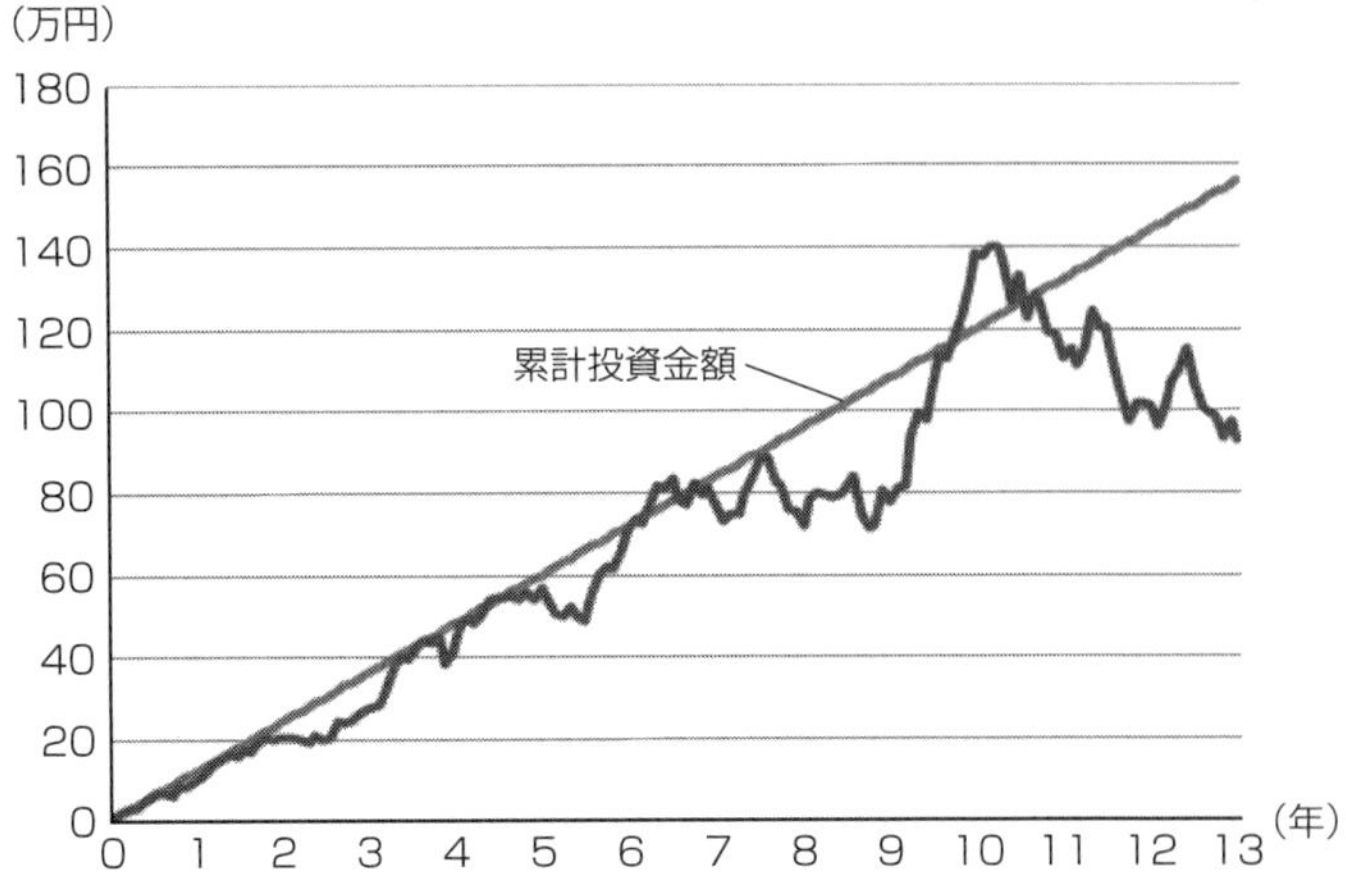

07円の赤字です。収益率は「マイナス40・5%」です。

「投資の成績（B）」を見たとき、最初かなりショックを受けました。サラリーマンにとって、60万円以上の赤字というのはなかなか冷静に受け止めることはできない金額です。「13年間も続けてきて赤字なら、預金にしておけばよかった……」「これまでに、何度もやめようと思えばやめられるチャンスがあったのに……」というのが本音かもしれません。しかし、がっかりしながらも投資の成績表を二度見したとき、あなたはあることに気づきました。

それは、「商品の成績（A）」が強烈に下がっている割には、「投資の成績（B）」の赤字が膨らんでいない点です。「商品の成績

（A）」はスタート時より7割も下がっているのに、「投資の成績（B）」は4割の下落で済んでいるのです。

このように、つみたて投資の場合、値下がり時でも評価損が膨らみづらいという特徴があります。理由は、「価格（A）」が下落すればするほど「量」が買えるからです。

「投資の成績（B）」の式を思い出してください。「『量』×『価格』」ですね。つみたて投資の場合、「価格」が下がる局面では、「投資の成績」を決めるもう一つの要素の「量」が自動的に多くなりますので、価格の下落時の評価損が抑えられるという特性があります。下り坂でもきちんとブレーキがきいて、ゆっくり下がっていくイメージです。これも、「つみたて投資には安心感がある」という理由の一つです。

赤字自体はたしかにショックですが、あなたは、つみたて投資の成績が決まる仕組みを実感し始めました。仮に「価格」が下がっていても、「量」を買えていれば、そこまで「投資の成績（B）」は悪くならないのです。

むしろ、ここから上昇したら、一気に成績もよくなるのではないかと考えます。これまで何度も上がったり下がったりを繰り返しているので、また数年経てば上昇するだろうと思い、このまま継続して、続けていくことにしました。

図３-⑲　17年目終了時までの価格（基準価額）

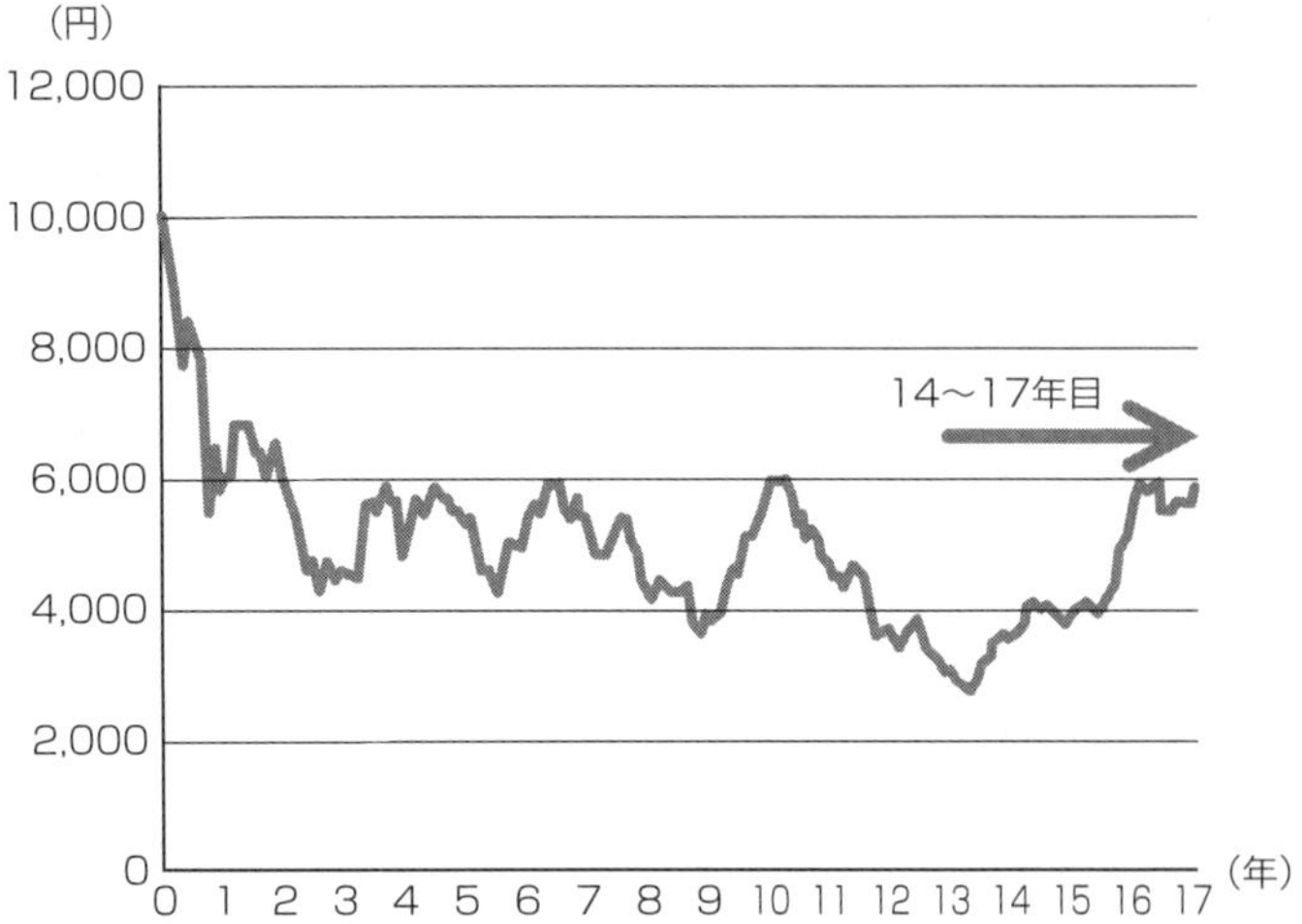

17年目終了時

17年目が終わりました。図３-⑲のように、「価格」が５８３４円まで上昇しました。13年目末の時点で予想したとおり、４年前と比べて約３０００円の値上がりです。

「投資の成績」を確認してみると、２５４万３９０９円でした。累計投資金額は17年間で２０４万円です。50万３９０９円の黒字になっています。投資金額に対して約24・７％の黒字です。

13年目末時点では４割以上の赤字になっていたので、４年間で収益率を約65％高めたことになります。

図3-⑳　投資の成績（17年目末まで）

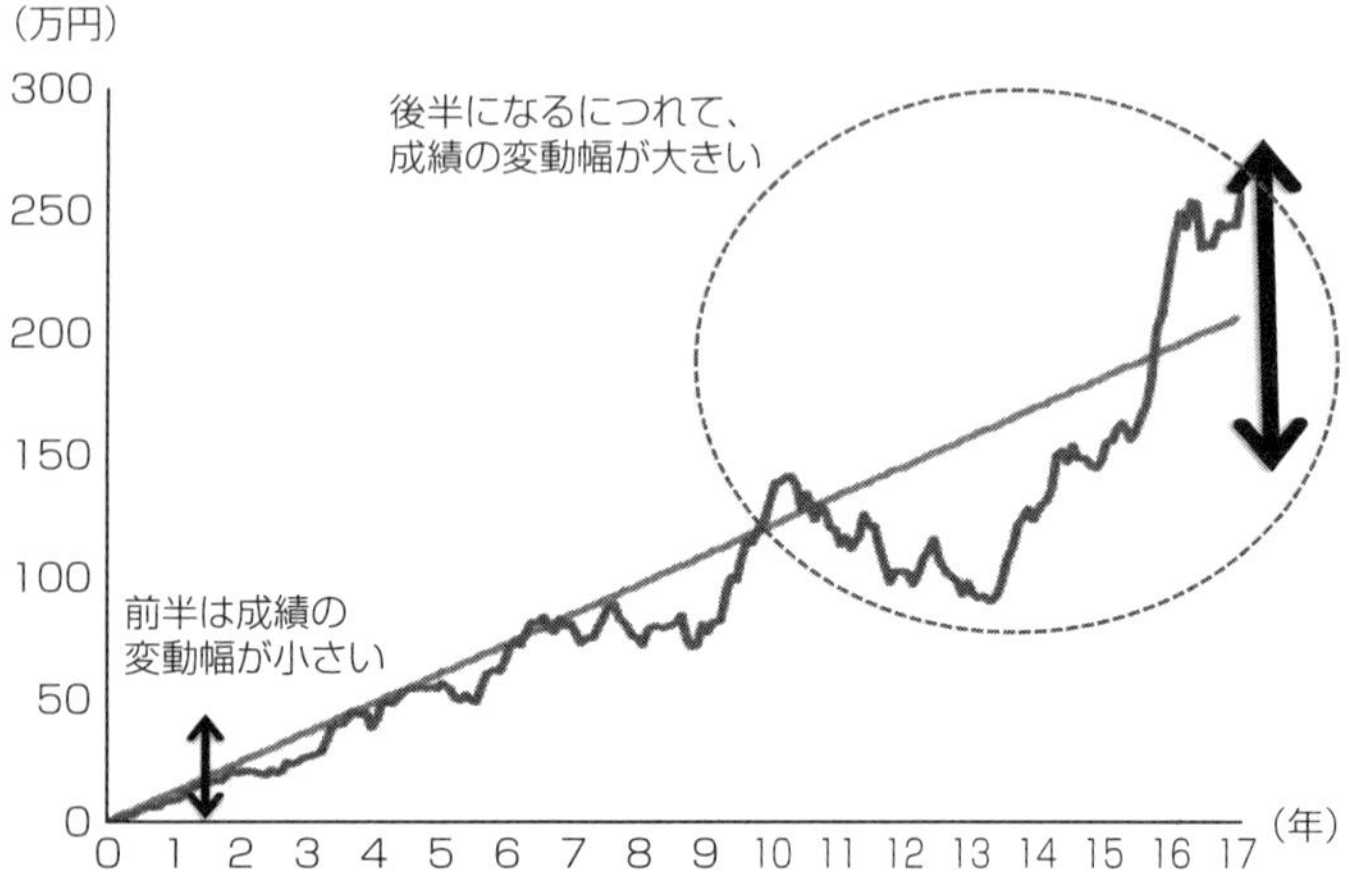

17年目までで累計436万4888口を買えました。17年間続けると、かなりの量を買い込んだと実感します。1年目、2年目に買い込んだ量は少なく感じます。

最初に17年間分の投資金額204万円（12万円×17年）を一括投資していたら、204万口しか買えていません。その2倍以上の「量」を買い込んだことになります。

ここであなたはあることに気づきます。「投資の成績（B）」の値動きの幅が、大きくなっている点です。図3-⑳の通り、最初の10年間の投資の成績の値動きに比べて、後半の7年間の値動きがずっと大きくなっています。

あらためて、つみたて「投資の成績」の式を思い出しました。つみたて投資の成績の決まり方は「『量』×『価格』」です。「価格」が1円動くとしても、「量」が増えるにしたがって、その変動幅は大きくなります。

たとえば、1年目と17年目を比較します。1万口当たりの価格が1万2000円から1万2500円に変化したとしましょう。すると次のようになります。

【1年目】

「量」（16万5744口）×「価格」（1万2000円）＝「投資の成績」（19万2689円）

「量」（16万5744口）×「価格」（1万2500円）＝20万7118円

変動金額：8029円

【17年目】

「量」（436万4888口）×「価格」（1万2000円）＝523万2586円

「量」（436万4888口）×「価格」（1万2500円）＝545万6610円

図3-㉑　「価格」が500円動いたときの「投資の成績」の変動幅

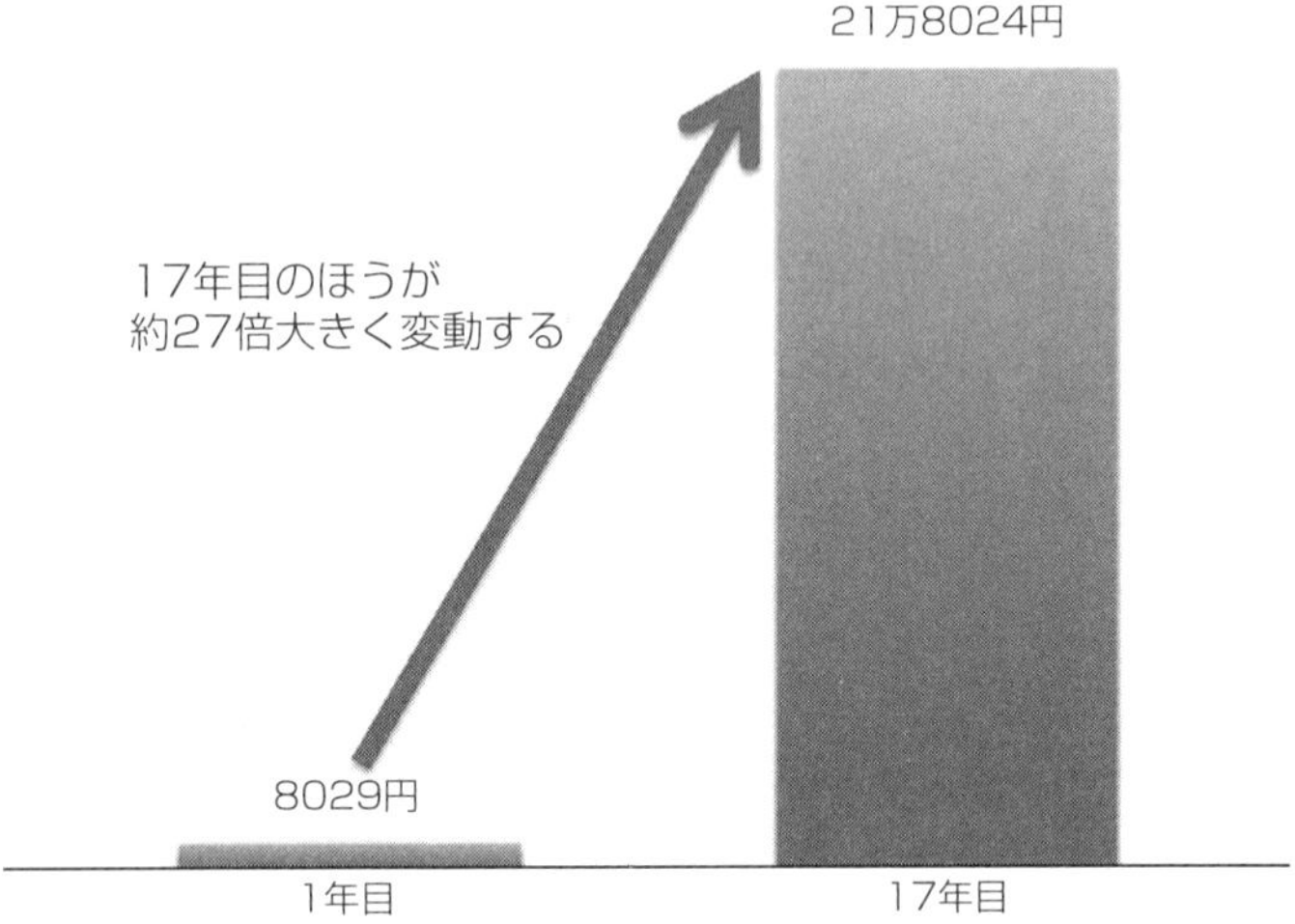

変動金額：21万8024円

価格が同じ500円動いた場合、投資の成績に与える影響は、1年目の8029円に対して、17年目は21万8024円でした。約27倍も大きく17年目のほうが変動したのです（図3-㉑）。

理由は、当然「量」です。1年目の16万5744口に比べて、17年目は436万4888口保有しています。17年目のほうが約27倍も量を持っているからです。

つみたて投資の序盤は、毎月数千円が増えたり減ったりする運用が、後半になると毎月数十万円〜数百万円が変動するイメージです。ですから、つみたて投資は出口について、しっかり考えながら運用する必要があります。

もう一つ重要な視点があります。それは初期の頃の損益は全体の視点で見ると、非常に小さい影響しか与えないという点です。持っている口数が少ない時点では、投資の成績を気にしてもあまり意味がないとは、こうした理由によるものです。

つみたて投資を始めて、運用成績をこまめにチェックするのは、あまり意味がありません。今回は、あえて1年目から3年目と細かく確認しましたが、実際はあまり気にする必要はありません。見直しもする必要は低いです。当面は放置しておいていいでしょう。

あなたは17年経過し、つみたて投資における「量」の重要性をヒシヒシと実感し始めました。

図3-㉒　20年目終了時までの価格（基準価額）

20年目終了時

20年目が終わり、投資した商品の「価格」は再び下がり、3150円になってしまいました（図3-㉒）。このときの投資の成績は次頁の図3-㉓の通りです。

累計投資金額240万円に対し、投資の成績は165万5836円でした。74万4164円の赤字です。17年目末では50万円程度儲かっていて嬉しかったのに、ショックを受けました。

投資の成績の推移をあらためて確認してみます。

17年目に254万円を超えていた資産（「投資の成績（B）」）は、165万円になってしまいました。たったの3年間で約90

図3-㉓　投資の成績（20年目末まで）

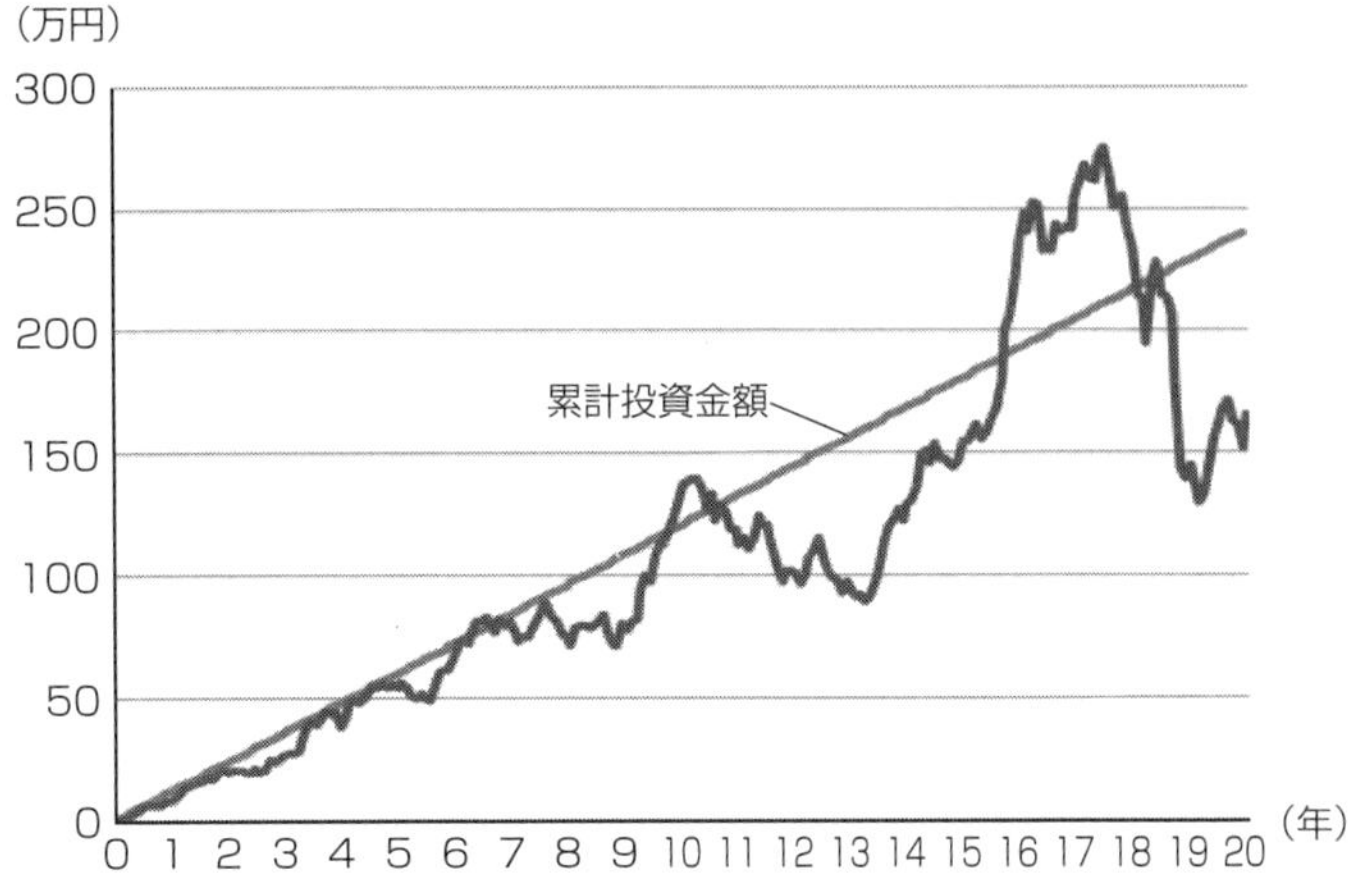

万円も資産が目減りしたのです。

20年間つみたて投資を続けてきて、この結果になり、あなたはがっかりしました。

ただし、この頃には、つみたて投資の特徴、特に「量」の重要性については十分理解するようになっています。多くの「量」が買えているからこそ、「価格」の少しの動きに対して「投資の成績」が大きく反応します。この3年間は、それがマイナスの方向に作用してしまいました。

ただ、これまで何度も下落を乗り越えてきた経験がありますし、再びチャンスがやってくると思います。今後、少し価格が戻れば一気に成績を伸ばしやすいはずです。そんな期待をこめて、とりあえずつみたて投資を継続します。

図３-㉔　25年目終了時までの価格（基準価額）

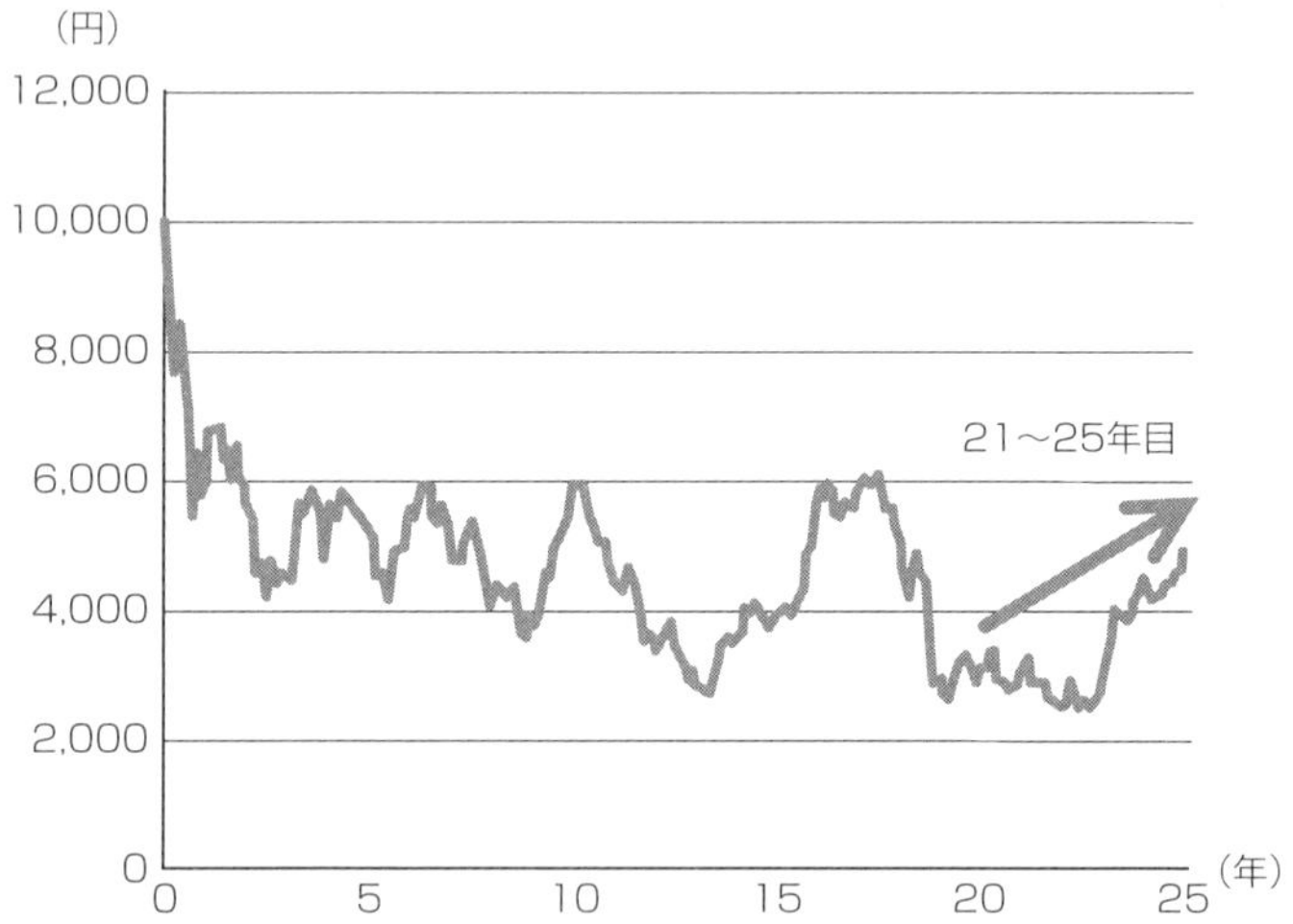

25年目終了時

ついに25年目が終わりました。「価格」は４８８５円まで戻しました（図３-㉔）。それでもスタートしたときの半分以下の価格です。

今年はシミュレーションの最後の年です。最終的な「投資の成績（Ｂ）」を確認します。

25年間の累計投資金額３００万円に対して、「投資の成績（Ｂ）」は３４７万４９８３円になりました。47万４９８３円の利益です。

20年目の時点で74万円の赤字になっていたのを、５年で黒字化できたので、まずは

図3－㉕　投資の成績（25年目末まで）

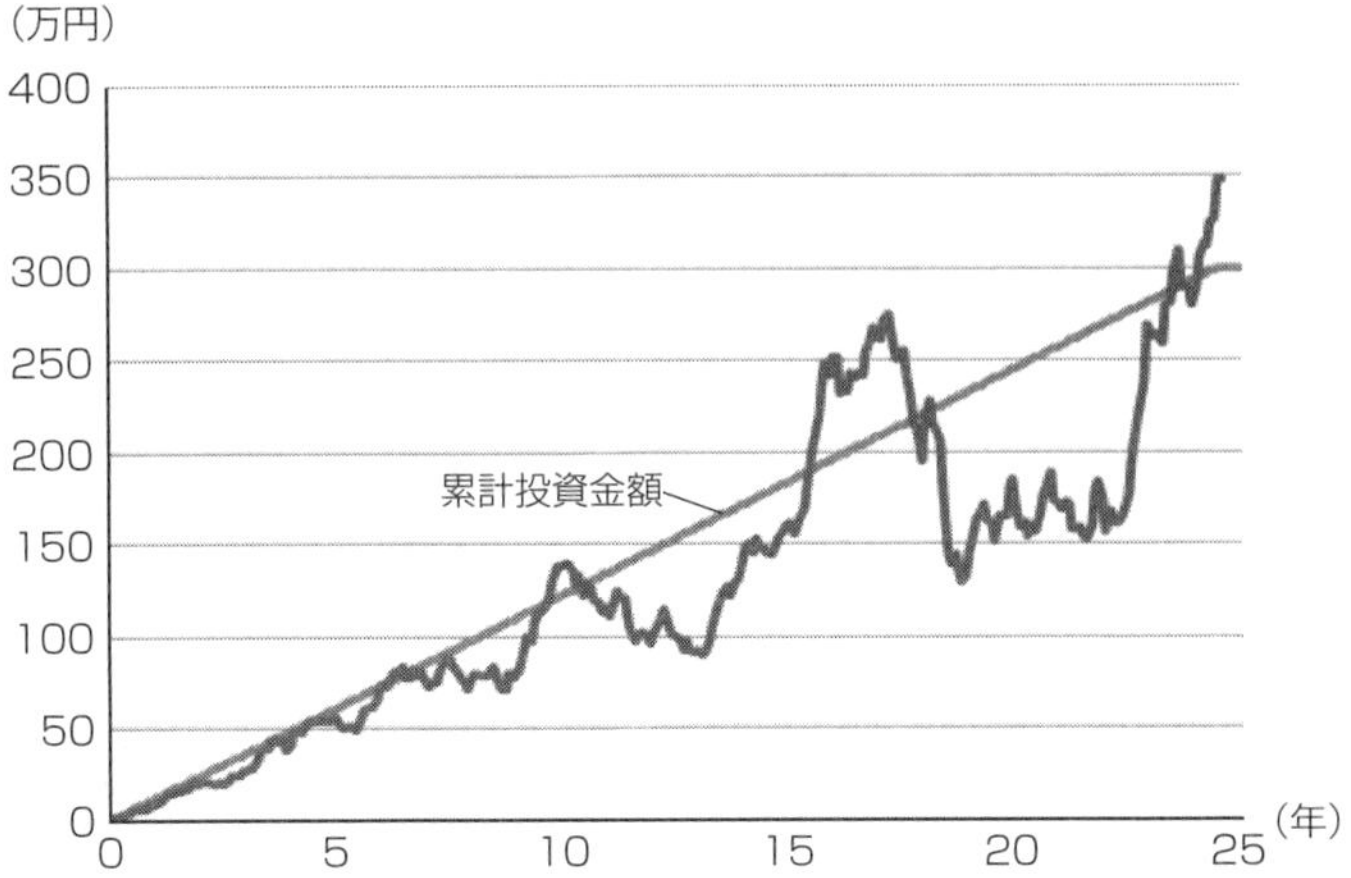

安心しました。価格は１７００円程度しか上昇していないのに、１２０万円程度成績を伸ばせたことに驚きました。「量」を買い込むと、終盤の少しの上昇で回復しやすい点を再確認しました。

「投資の成績（B）」の推移も確認してみます（図３－㉕）。

23年目頃から、一気に投資の成績が回復し、黒字化しているのがわかります。

投資した商品の値動きは、それまでの25年間の経緯を見ても、特別大きな変動をしたわけではありません。24年目、25年目はたしかに上昇していますが、この程度の変動は、それまでに何回もありました。

しかし、投資成績の変動を見ると、明らか

図3－㉖　累計購入口数（25年目末まで）

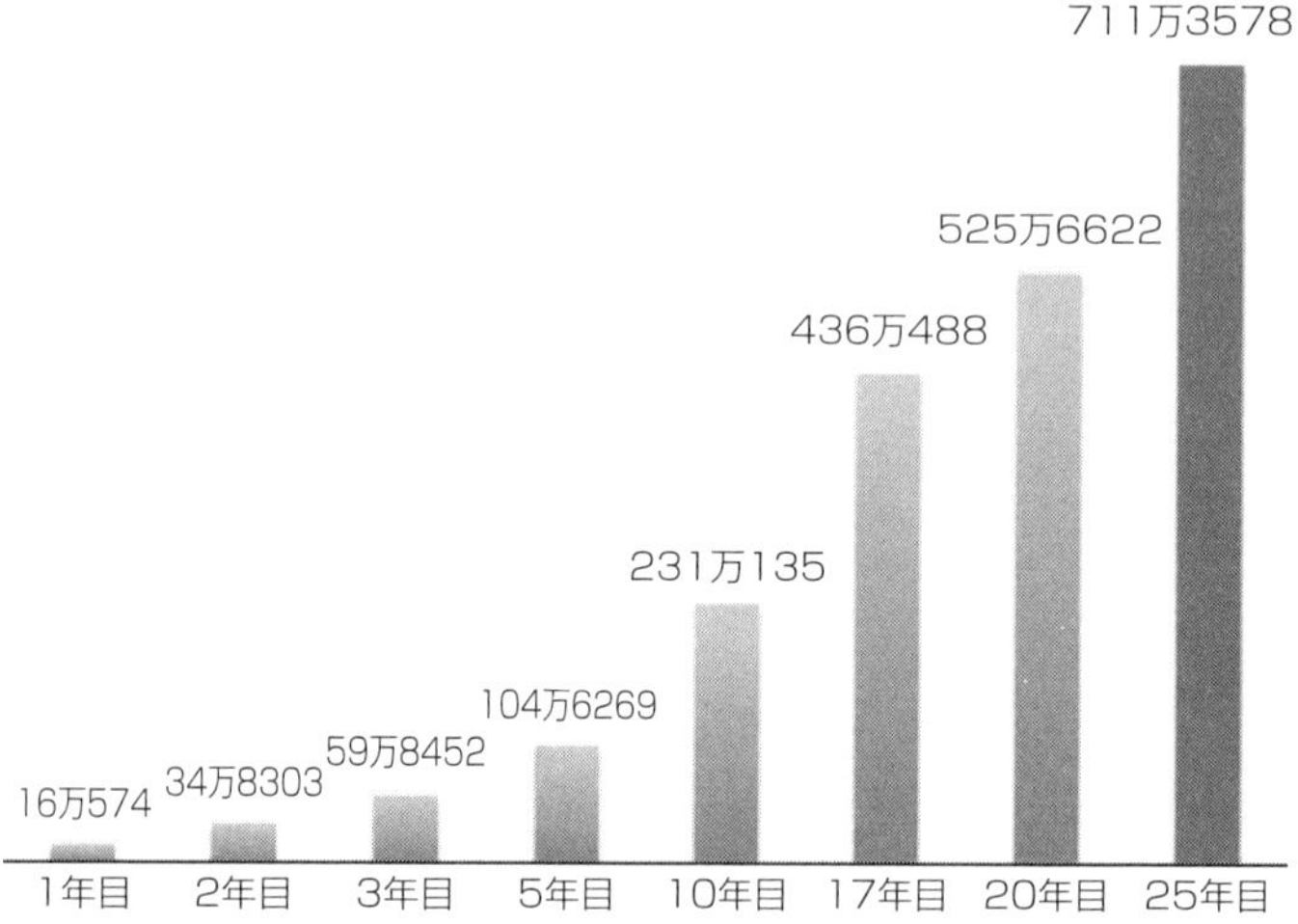

に序盤の振れ幅と異なっています。25年間続けたことで、それだけ量を買い込んだからです。

買い込んだ「量」は図3－㉖の通りです。25年間で累計711万3578口を購入できました。最初の時点で300万円を一括投資していた場合、300万口しか購入できないので、約2・4倍も購入したことになります。

つみたて投資の成績は、「量」と「価格」の掛け算で決まります。「価格」は半分以下になってしまっても、「量」を買い込むことでカバーできることを実感しました。

また、つみたて投資は「全体」で見るこ

とが重要なことも学びました。思い返せば、つみたて投資をスタートして1年目、2年目、3年目の投資の成績などは、あまり気にする必要がなかったと感じました。むしろ、中盤から終盤にかけての投資の成績の振れ幅は、当初想定していたものより大きいと感じました。

今回は、疑似体験として投資期間を設定して説明しました。しかし、実際の運用はいつまで続けても構いません（確定拠出年金は拠出が60歳までと制限があります）。たとえば、定年退職までの「収入がある期間」は毎月の投資を行い、定年後は停止し、運用だけは継続するということも可能です。

次頁ではその例をご紹介しましょう。

直近は足元の景気も良さそうなので、追加の拠出はせずに、しばらく運用だけは続けることにしました。

図3－㉗　25年目終了から半年後までの価格（基準価額）

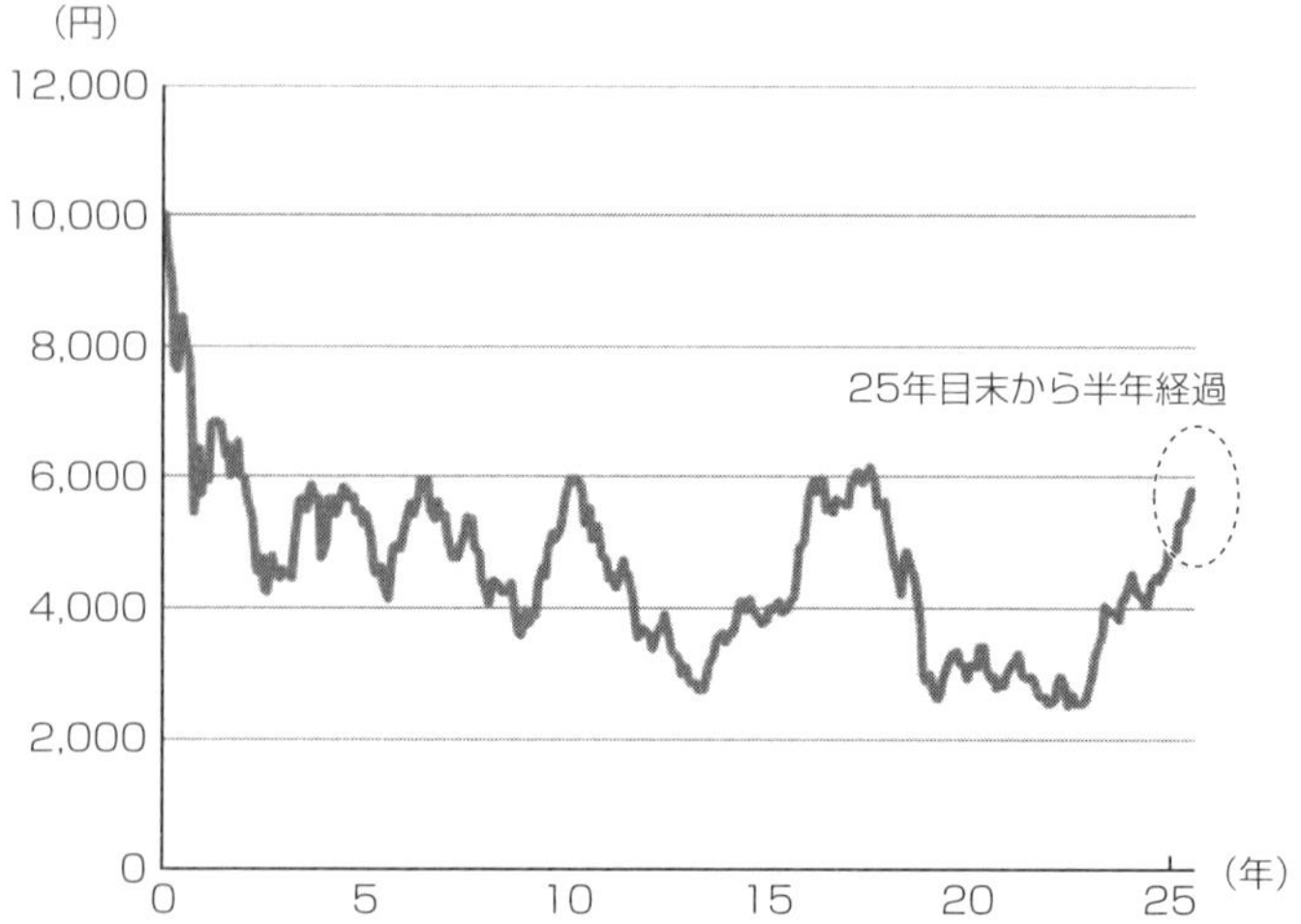

25年目終了の半年後

半年後、商品の価格が5691円まで上昇しました。上昇幅は、グラフ（図3－㉗）を見ればわかる通り、少しです。

累計投資金額は、追加投資を停止してあるので300万円から増えていませんが、「投資の成績」は404万8337円になりました。つまり、104万8337円の利益になったということです。半年前の利益が47万4983円でしたので、たったの半年でなんと2倍以上になりました。

毎月の投資はすでに停止しているので、投資信託の「量」はこの半年間で変化していません。

図３－㉘　投資の成績（25年６ヵ月目まで）

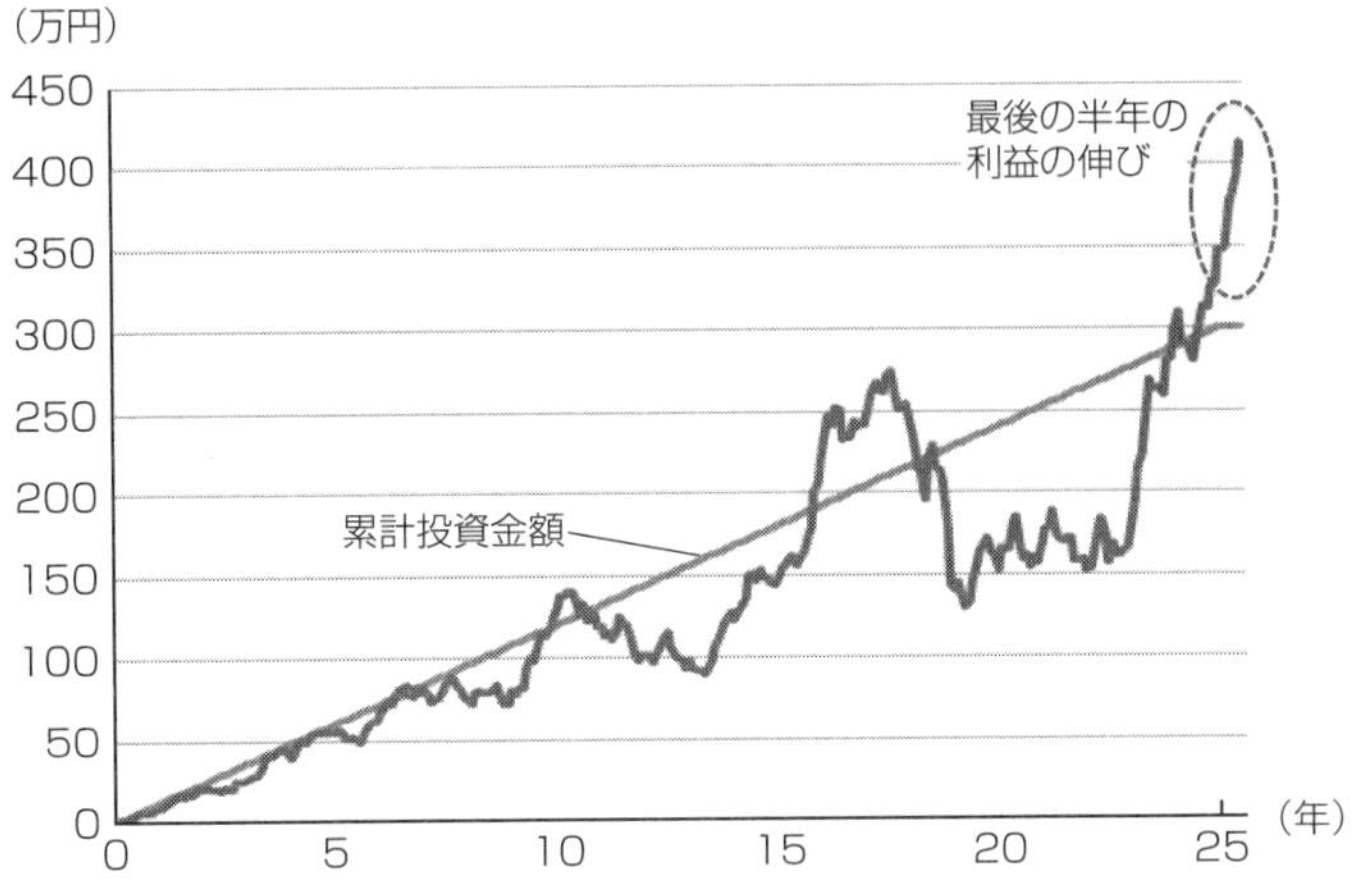

図３－㉗で、価格の上昇幅を再度確認してみてください。たったこれだけの上昇で、利益が倍増したのです。これがつみたて投資の醍醐《だいご》味《み》です。「量」を買い込んでおくことで、終盤の上昇で一気に収益化できるのです。

つみたて投資は時間の経過に伴い、「投資の成績の重要度が増す」のです。つみたて投資は、序盤・中盤よりも、最後の値動きが重要です。

「投資の成績（Ｂ）」の推移は図３－㉘の通りです。最後の半年間で、急激に上昇しています。それまでに買い込んだ約７１１万口を評価する「価格」が上昇したからです。

あなたは、ここで売却を決断しました。もしかしたら、さらに上がるかもしれないが、

図3-㉙　Aさんの基準価額（25年目末まで）

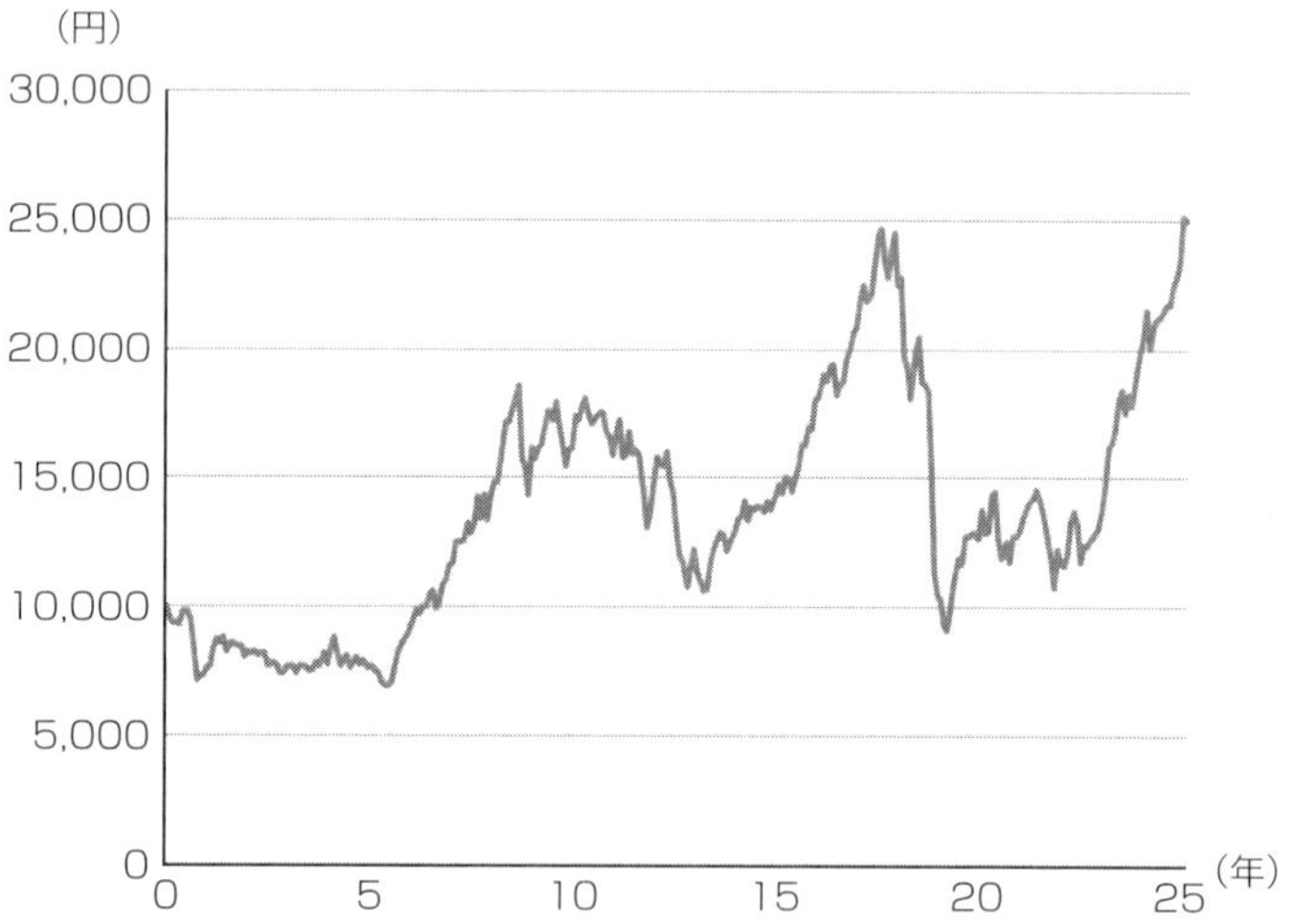

また下落する可能性もある。つみたて投資の終盤は値動きにより、投資の成績は大きく変動するので、このへんで手じまっておこうと判断したのです。

最終的にあなたはつみたて投資を25年半行いました。累計投資金額300万円に対し、最終的な「成績」は404万8337円です。

特に最後の半年の伸びには驚きました。半年待ったことで利益が2倍になったからです。最終的には、預金に積んでおくよりはよい成績になったので、悪い気はしませんでした。

その頃、一緒に始めた友人Aさんは

同じ時期に「つみたて投資」を始めた友

図3-㉚　Aさんの投資の成績（25年目末）

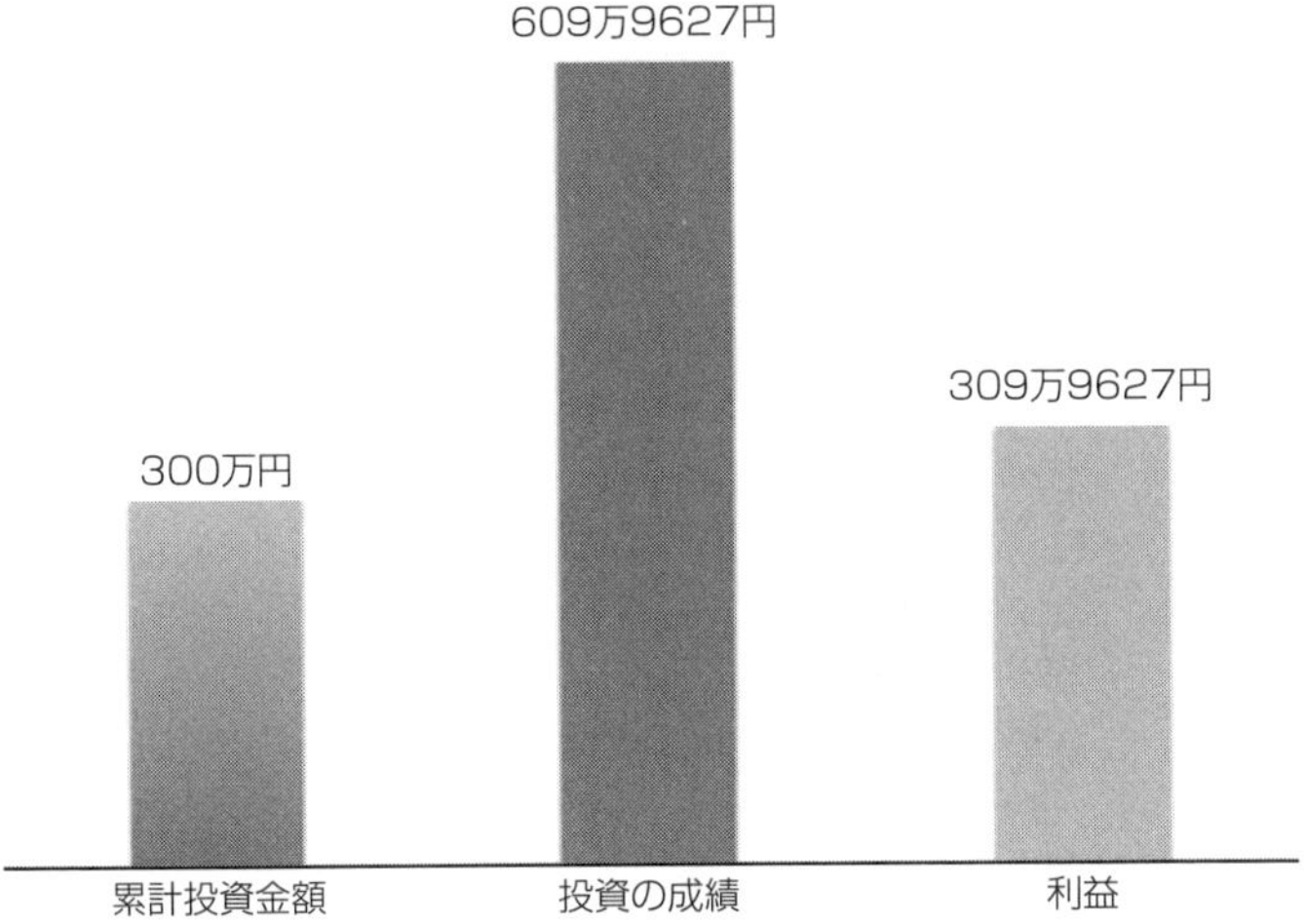

人Aさんと久しぶりに会って食事をしているとき、あなたがつみたて投資の売却を決めたことに、話の流れで触れました。

Aさんは半年前に全額売却をしていて、嬉しそうな顔をしていたので、そのときの成績を見せてもらいました。

Aさんは、「世界全体の株式」に連動する商品につみたて投資をしていました。その値動きは図3-㉙の通りです。1万円からスタートした商品が、25年後に2・5倍の約2万5000円まで上昇しています。

「投資の成績（B）」は609万9627円になっていました。利益が309万9627円もあり、あなたは驚きました（図3

図3-㉛　Aさんの投資の成績（25年目末まで）

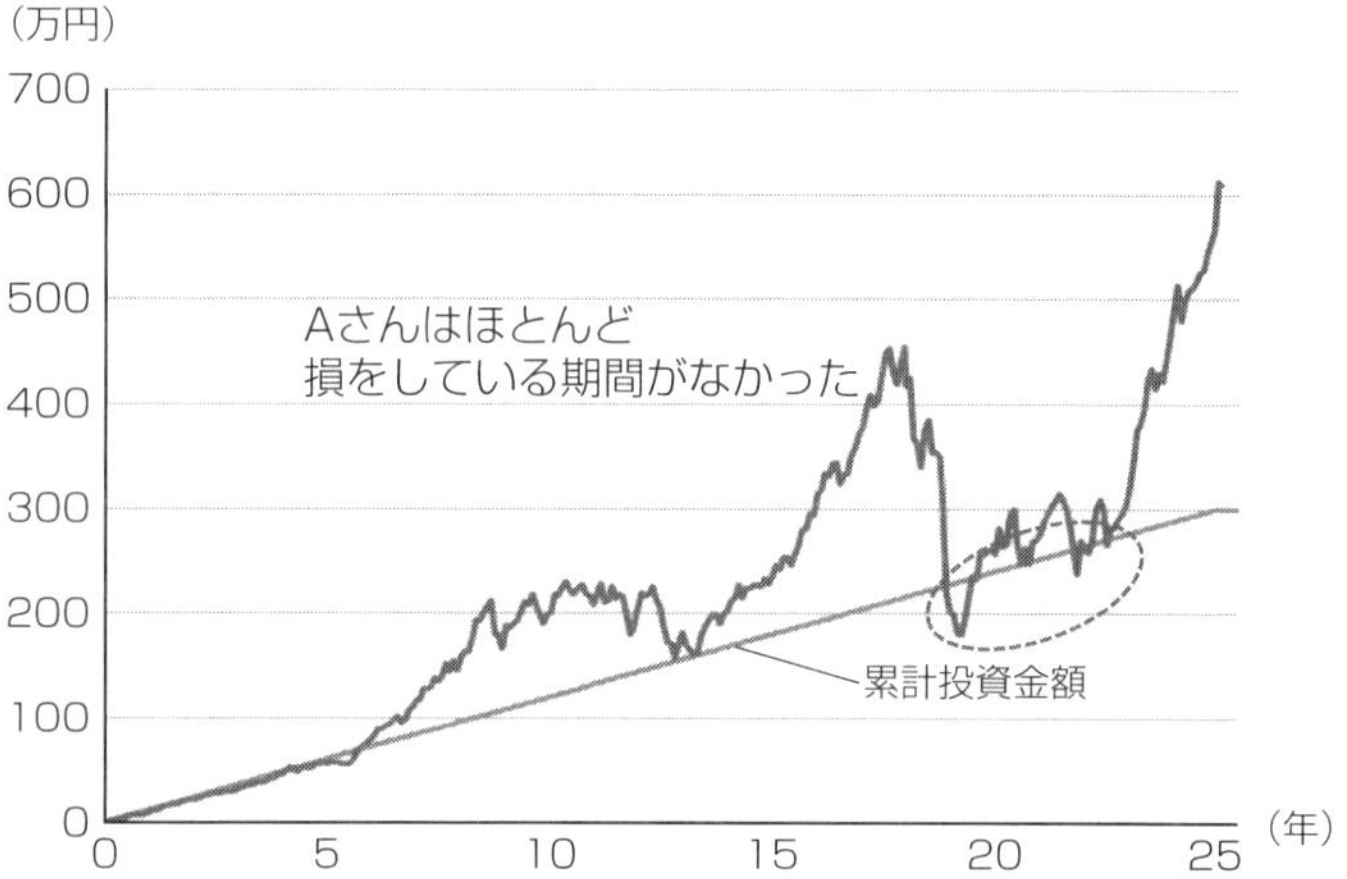

-㉚）。毎月の積立額は同じ1万円なのに、Aさんは、あなたの約3倍の利益を得ていたのです。

あなたは羨ましく感じましたが、それ以上に、3倍も利益が大きくなった「理由」が気になりました。

Aさんは、最終的に244万2978口を買い込んでいます。あなたが購入した「量」は711万3578口ですので、「量」で比較するとあなたの勝ちです。

しかし、つみたて投資は「量」だけでなく、〝最後の〟「価格」も重要です。Aさんが売却したときの終わり値は、2万4968円でした。あなたの終わり値は5691円だったので、約4・4倍もAさんの終わり値が高かったのです。

Aさんの「投資の成績」の推移（図３－㉛）を見ると、Aさんは赤字になっている期間が、ほとんどなかったのがわかりました。あなたの場合と同様、「価格」の暴落は何度か経験していますが、長いつみたての期間中、あまりハラハラしないでよかったのです。

あなたはAさんの「成績」を見て、あらためて羨ましく思うと同時に、次のような気持ちがわいてきました。

「『つみたて投資』は不思議な投資だ。私のように、値段が下がっても利益が出ることがある。しかし、Aさんのように、順調に上昇して利益をつかむこともできる。投資は投資した商品の値動き（『価格』）で成績が決まると思っていたが、つみたて投資の場合、そうではない。非常に興味深い投資だ」

そのとき、Aさんはこう言いました。

「僕は米国株式を中心とした『世界の株式』につみたて投資をしたんだ。それが、海外では一般的だからね。実際、アメリカの人たちは米国株を中心に、世界の株式でつみたて投資をしているんだよ」

あなたは、その話をもっと早く知りたかったと思うと同時に、その考え方を友人や後輩たちに教えてあげることにしました。

つみたて投資の疑似体験　まとめ

いかがでしたでしょう？　つみたて投資の疑似体験でした。

今回は、わざと投資対象を１９９０年以降の、バブルが弾けて大暴落し続けた「日本株」という、「最悪の状況」に設定しました。世界の証券市況の歴史をひも解いてみても、この時期の日本株式のような下落は類を見ないからです。投資はやっぱり怖いと思われた方もいるかもしれませんが、「最悪」を想定することで、「リスク」のイメージが把握しやすくなります。実際には、日本株のみで運用するのはけっしてお勧めしません。

つみたて投資の鉄則は、中長期的に成長が期待できる資産を選ぶことです。序盤、中盤はどれだけ下がってもいいのですが、終盤に上昇していることが重要だからです。

具体的には「世界株式」が基本になります。理由は、世界経済の成長が、中長期的に期待できるからです。この点について、詳しくは第５章で解説します。この鉄則を守れば、Ａさんのような成績も十分期待できます。

いずれにしても、つみたて投資の終盤の「商品の成績（Ａ）」は、重要です。理由は「口数」が貯まっている分、「投資の成績（B）」のぶれ幅が大きくなるからです。

あなたの疑似体験のケースで、最後に半年間売却のタイミングをずらしただけで利益が2倍になりました。終盤の「商品の成績（A）」の変動は、「投資の成績（B）」に非常に重要な影響をもたらします。最初の1年間と終盤の1年間では、重みがまったく違うのです。

終盤である程度、自分が納得できる水準まで上昇したら、債券などの安定資産に切り替えるのもよいでしょう。

また、つみたて投資をしていき、年代が高くなるにつれて、一部を安定運用に切り替える考え方は覚えておきましょう。株式保有比率の目安ですが、60代の場合、50％程度がアメリカでは一般的です。

また、確定拠出年金の場合、70歳までに受給すればいいので、時間的なゆとりがあります。60歳時点で仮に赤字だったとしても、慌てないでください。株式市場は上がり続けることはありませんが、下がり続けることもありません。

数年待って、上昇してきたときに売却すればいいでしょう。最後の上昇は「口数」を買い込んでいる分、資産を大きく増やすチャンスになります。

図3-㉜　クイズ

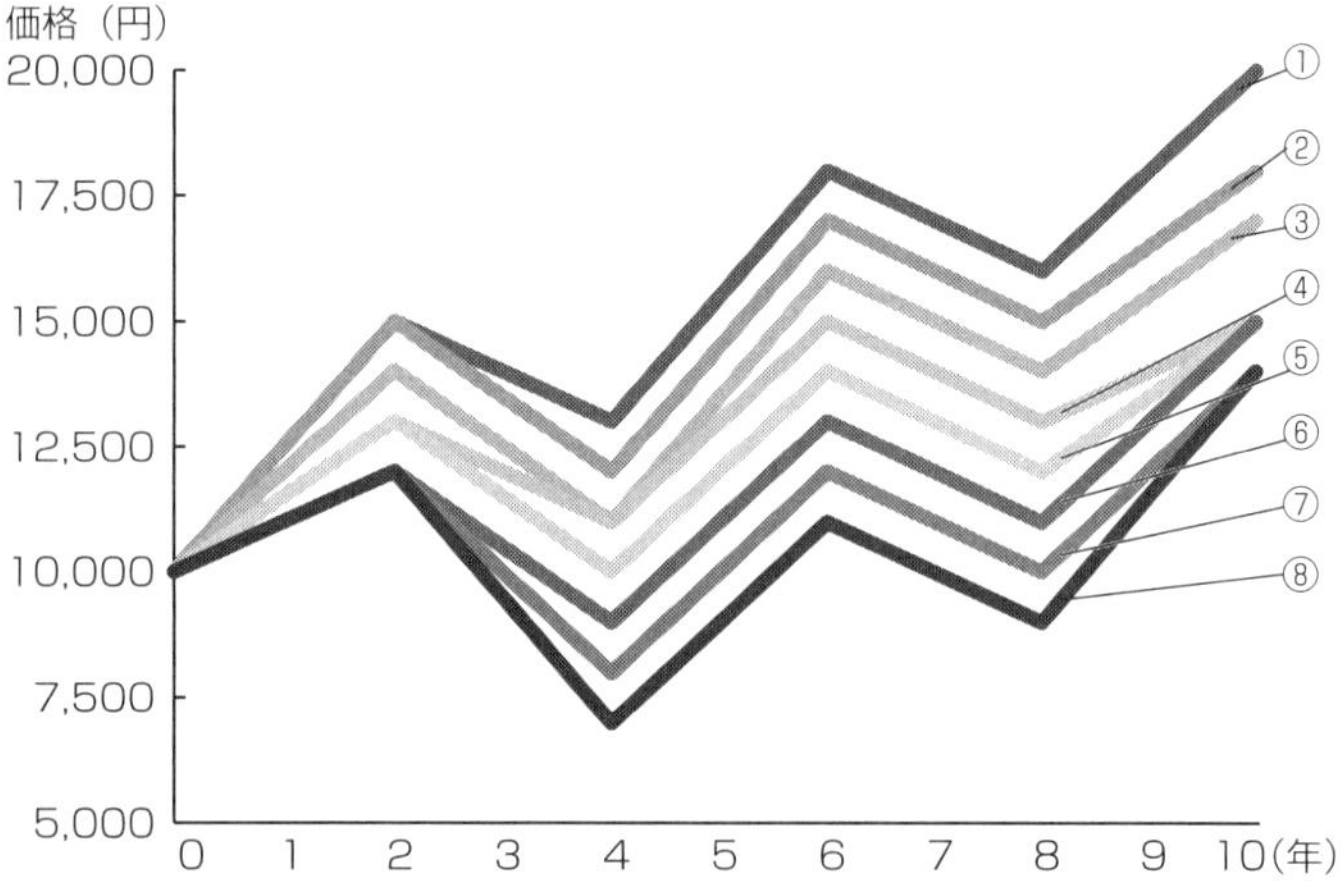

勝ち方がいろいろあるつみたて投資

つみたて投資は勝ち方がいろいろある投資方法です。あなたの疑似体験のケースのように、途中大きく値下がりをしても勝てますし、Aさんのように順調に上昇しても勝てます。

この章の総まとめとして、つみたて投資の勝ち方についてクイズを1問出します。

図3－㉜をご覧ください。似たような商品が8本並んでいます。それぞれに10年間のつみたて投資をした場合、最も成績がよかったのは何番でしょう？

つみたて投資の成績は「『量』×『価格』」で決まります。買える量は重要なので、最も値下がりしている⑧と思われる人も多いと思います。

正解は⑧です。最も値下がりした⑧につみたて投資をしたら、いちばん成績がよくなりました。

この答えを知ると、次のような疑問を持つかもしれません。

「果たしてつみたて投資は、『商品の成績』の良い商品を選ぶのがいいのだろうか？」、さらには、「つみたて投資は、むしろ成績の悪い商品を選んだほうがいいのだろうか？」という疑問です。

その疑問に答えるためには、次の問題が重要です。先ほどと同様に、グラフの商品につみたて投資をした場合、2番目に成績がよかったのは何番の商品でしょうか？

今回は悩む人が多いと思います。セミナーで該当するところで手を挙げてもらうと、⑥でいちばん多くなります。

正解を発表します。正解は①です。

最も値上がりした①が2番目に成績がよくなるのです。

成績がよかった商品を順番に並べると、次のようになります。

⑧、①、⑥、⑦、③、②、⑤、④

いかがでしょう？　下がったり、上がったり交互になっています。真ん中の④と⑤が最下位と、最下位から2番目になっています。この順番をすべて言い当てるのは非常に難しいです。

ここからが重要です。⑧と①の成績がよかった理由について考えます。まず、⑧が1番になれた理由はなんでしょうか？

正解は「量」です。⑧はこの8本の中で、最も値段が下がっているため、いちばん多い「量」を買い込めたのです。⑧の最後の「価格」は、8本の中で最も低いです。しかし、「量」を最も買い込めたので、1位になれました。

次に、①が2位になれた理由を考えてみましょう。①はいちばん値上がりしてしまったため、買えた「量」は最も少なくなりました。しかし、最後の「価格」が高かったので、2位になれたのです。

つみたて投資は、単純に上がればよく、下がったらダメという投資ではありません。「量」と「価格」の掛け算で決まります。

つまり、つみたて投資は勝ち方がいろいろある投資手法なのです。①のように、ジグザグ

つみたて投資は勝ち方がいろいろある投資方法

投資の成績＝ 量 × 価格

量 ← ⑧が1位になれた要因

価格 ← ①が2位になれた要因

しながらも、中長期的に上昇しても勝てます。ただ、⑧のように、序盤から中盤は下がっていても勝てるのです。

私はよく、相撲にたとえます。相撲は、土俵の外に相手を出したら勝ちです。ただ、外に出さなくても、投げて転がしても勝ちです。それぞれの勝ち方があるのです。

つみたて投資も同じです。上昇したときの勝ち方があります（もちろん、100％勝てる訳ではありません）。下落したときの勝ち方もあります。つみたて投資は勝ち方がいろいろあるのです。

どちらも重要なのは、「最後の局面で上昇していること」です。この点については、第5章で解説します。つみたて投資は序盤、中盤はどんなに下がってもよいのです。むしろ、「量」を買い込めるチャンスと捉えましょう。

どんなケースでも、物事には段階があります。たとえば料理をするときも、まずは食材を集め、カットし、調味料を合わせたり加熱したりし、器に盛りつけます。「つみたて投資」にも同様に段階があります。

まず、申し込んでスタートしてから、しばらくは「量」をたっぷりと買い貯めます。そして終盤で「価格」が上昇するのをじっくりと待ちます。現金が必要になったら、必要な分だけを取り崩せばいいのです。この「段階」を理解できたら、つみたて投資を「始めるタイミング」で悩む必要はないということがご理解いただけると思います。

「『じぶん年金』を作ろう」と考えたときが、始めるべきタイミングなのです。

資産を作るために必要な積立額

今回、疑似体験として毎月1万円のつみたて投資を行いました。しかし、毎月1万円だと、25年間続けても、累計投資金額は300万円にしかなりません。

これだと、仮にA氏のように上手にいったとしても、老後の資産としては心許《こころもと》ない金額です。

毎月1万円のつみたて投資では意味がないとは言いませんが、「老後の資産を作る」という目的に照らし合わせると、もう少し積み立てる金額を増やしたほうがいいと思います。

アメリカで最大規模の証券会社チャールズ・シュワブのアドバイザーが目安にするリタイアメントのガイドライン（開始年齢別）は次の通りです。開始する年代に応じて、年収の何パーセントをつみたて投資に回せばよいかを示しています。

・20代／年収の10～15％
・30代／年収の15～25％
・40代前半／年収の25～35％
・40代中後半／年収の25～35％＋退職後数年間パートタイマー

たとえば、20代で年収４００万円の人の場合、年収の10％を積み立てるとすると、年間40万円、月額３万３０００円です。40代後半で年収６００万円の人の場合、年収の25％とすると月12万５０００円です。

なかなか高い数値と思われるかもしれません。チャールズ・シュワブに限らず、アメリカでは、それなりに積み立てをしないと、老後の資産ができないと言われています。

ある意味、それは当たり前です。しっかりと老後の資産を作るには、それなりの努力が必要なのです。

もちろん、アメリカと日本では社会保障制度も異なるので、この数値をそのまま当てはめるのは無理があります。日本の場合、給付額が今後減っていく可能性が高いとはいえ、公的年金もあります。

ただ、毎月1万円のつみたて投資では、老後の資産を作るのは厳しいという事実は覚えておきましょう。投資に慣れていない人が、最初は少額ずつ始めるという姿勢はいいと思います。ただ、月に数万円は積み立てるのが望ましいという点は忘れないようにしてください。

第４章　どっちが増える？　つみたて投資クイズ

第１問　図４-①　商品の価格（基準価額）

つみたて投資のクイズで、つみたて投資脳を鍛えましょう。

これから2つの商品の値動きを見せます。それぞれに毎月1万円のつみたて投資を10年間した場合、①②どちらが、つみたて投資の「成績（B）」はよくなるでしょうか？

クイズは全部で3問です。これらのクイズに出てくる商品は、実際に過去の日本株式や世界株式などで起こった値動きです。

第1問　両方値上がりしたが、途中の「価格」に差あり

図4－①をご覧ください。

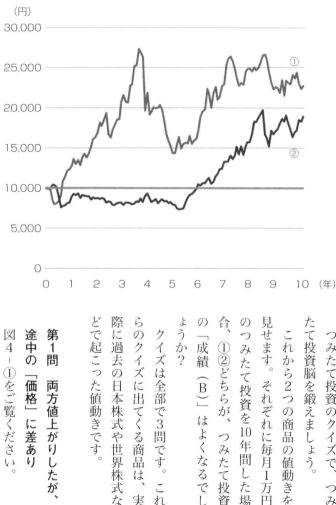

図4-②　「投資の成績」の推移

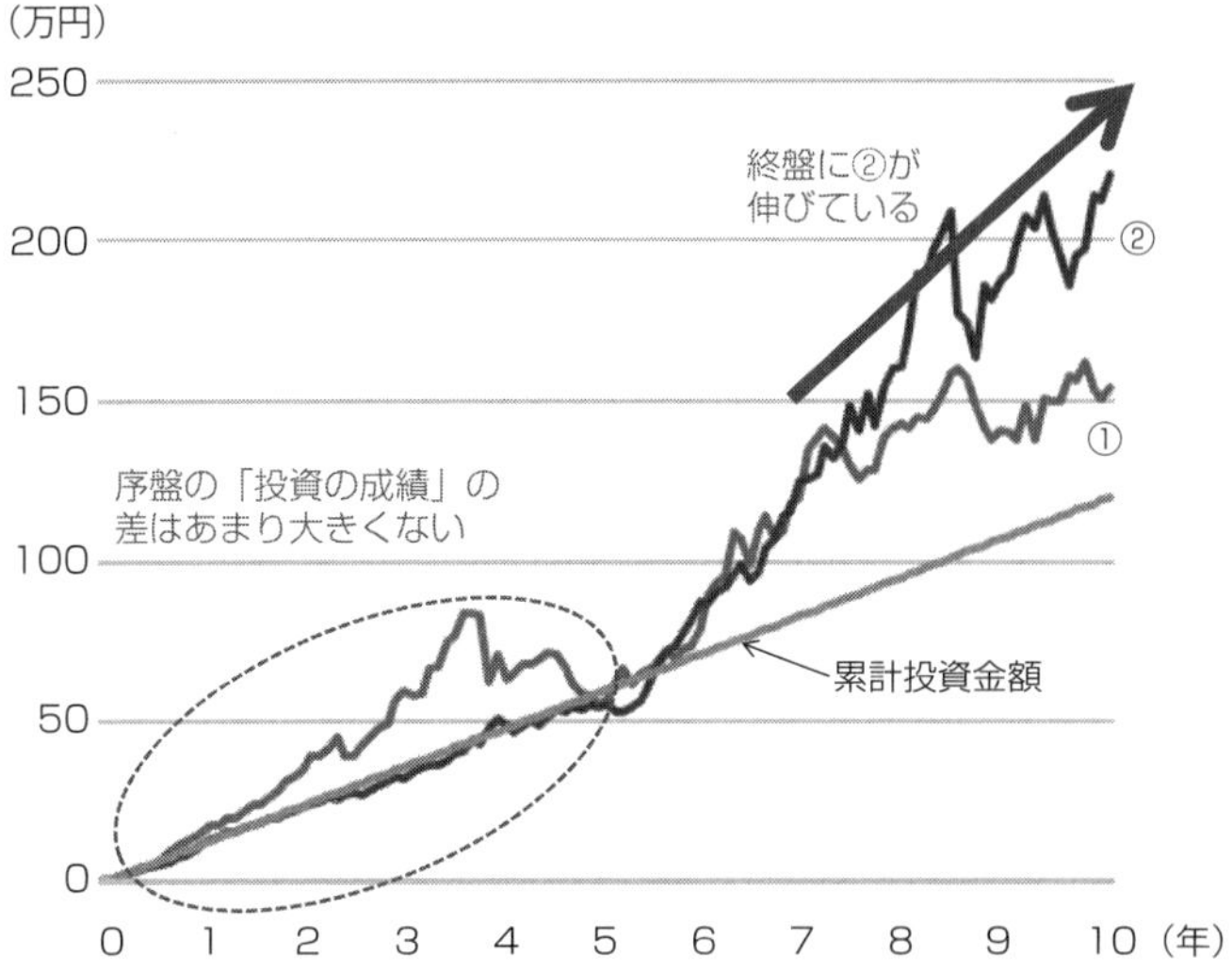

①②の商品に、それぞれ毎月1万円ずつ「つみたて投資」をした場合、どちらの「投資の成績（B）」がよくなるでしょうか？

投資期間は10年間なので、総投資金額は120万円です。

正解は②です。

それぞれの「投資の成績（B）」を比較すると、①154万2680円、②220万7093円です。②が約66万円も多く増えました（図4-②）。

ちなみに、一直線に伸びている線が、累計の投資金額です。これを上回っている部分が利益になります。

商品の終わり値を比較すると、①2万

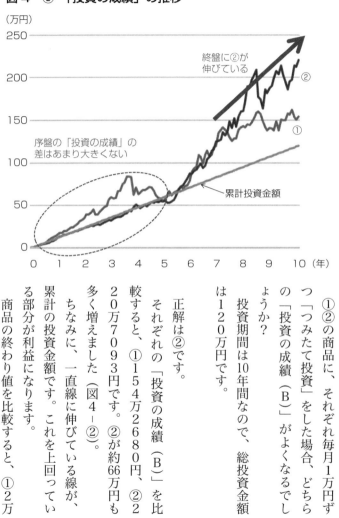

	終値(商品の成績／円)	収益率	投資の成績(円)	利益(円)	累計購入口数
①	22,757	28.6%	1,542,680	342,680	677,903
②	18,904	83.9%	2,207,093	1,007,093	1,167,532

2757円、②1万8904円で、①のほうが投資した「商品の価格（A）」では上回っています。しかし、肝心の「投資の成績（B）」では②の勝ちです。

ここで注目していただきたいのは次の2点です。

1点目は、序盤の「商品の成績」の差が極めて大きいにもかかわらず、「投資の成績」の差がそれほど広がっていない点です。3年7ヵ月目の時点で、①の「価格（A）」は2万7355円まで上昇しています。一方、②の価格は8229円と低迷しています。①は、②の約3・3倍も値上がりしています。

その時点での「投資の成績（B）」を比較すると、①84万1156円に対して、②41万30円です。「基準価額」の差ほど、「成績」に差が開いていないのがわかります。

2点目は、終盤の②の「成績の伸び」です。

8年目以降の「商品の成績（A）」の上昇の仕方は、①②に大きな差が見えません。しかし、「投資の成績（B）」を見ると②が大幅に上昇しています。

これこそ「量」の違いです。

②は下落期間が長かった分、①より多くの「量」を買い込んでいます。ですから、終盤の上昇で一気に「投資の成績」を伸ばすことができたのです。

最終的に購入できた「量」は、①67万7903口、②116万7532口でした。これはなにを意味するのでしょうか？

基準価額が1000円上がった場合、「投資の成績」が、①は約6・8万円増えるのに対し、②は約11・7万円増えることを意味します。終盤で1円上昇したときのレバレッジの効果が決定的に違うのです。

ただ、①も悪いわけではありません。まず、①は投資金額120万円に対して、約154万円と利益を出しています。また、買えている「量」はたしかに②より少なくなっています。これは、言い替えると、最後の「投資の成績（B）」が「安定しやすい」ということです。終盤に上昇したときの投資成績の伸びは②に負けますが、終盤に下落したときは投資の成績が減りづらいという側面もあります。

つみたて投資で、①のように順調に上昇することも、けっして悪いことではありません。これは覚えておきましょう。

第2問　「終盤で下落」vs.「スタート時の『価格』を下回ったまま」

次頁の図4－③をご覧ください。

先ほどと同様に、①②にそれぞれ毎月1万円の「つみたて投資」をした場合、どちらの

第２問　図４-③　商品の価格（基準価額）

「投資の成績（B）」がよくなるでしょうか？

今回は②の「価格」が大きく下落しています。①は比較的順調に推移したものの、終盤に崩れてしまったパターンです。対照的な値動きですが、どちらが勝ったでしょうか？

正解は②です（次頁図４-④）。「投資の成績（B）」を比較すると、①１１０万１８３２円、②１３８万７６３円です。終わり値は①１万９９５円、②５９７７円です。買えた「量」は①１００万２１４５口、②２３１万１２７口でした。

残念ながら、①は終盤の値崩れ

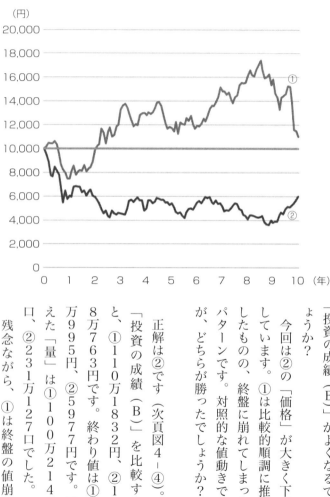

図４-④　「投資の成績」の推移

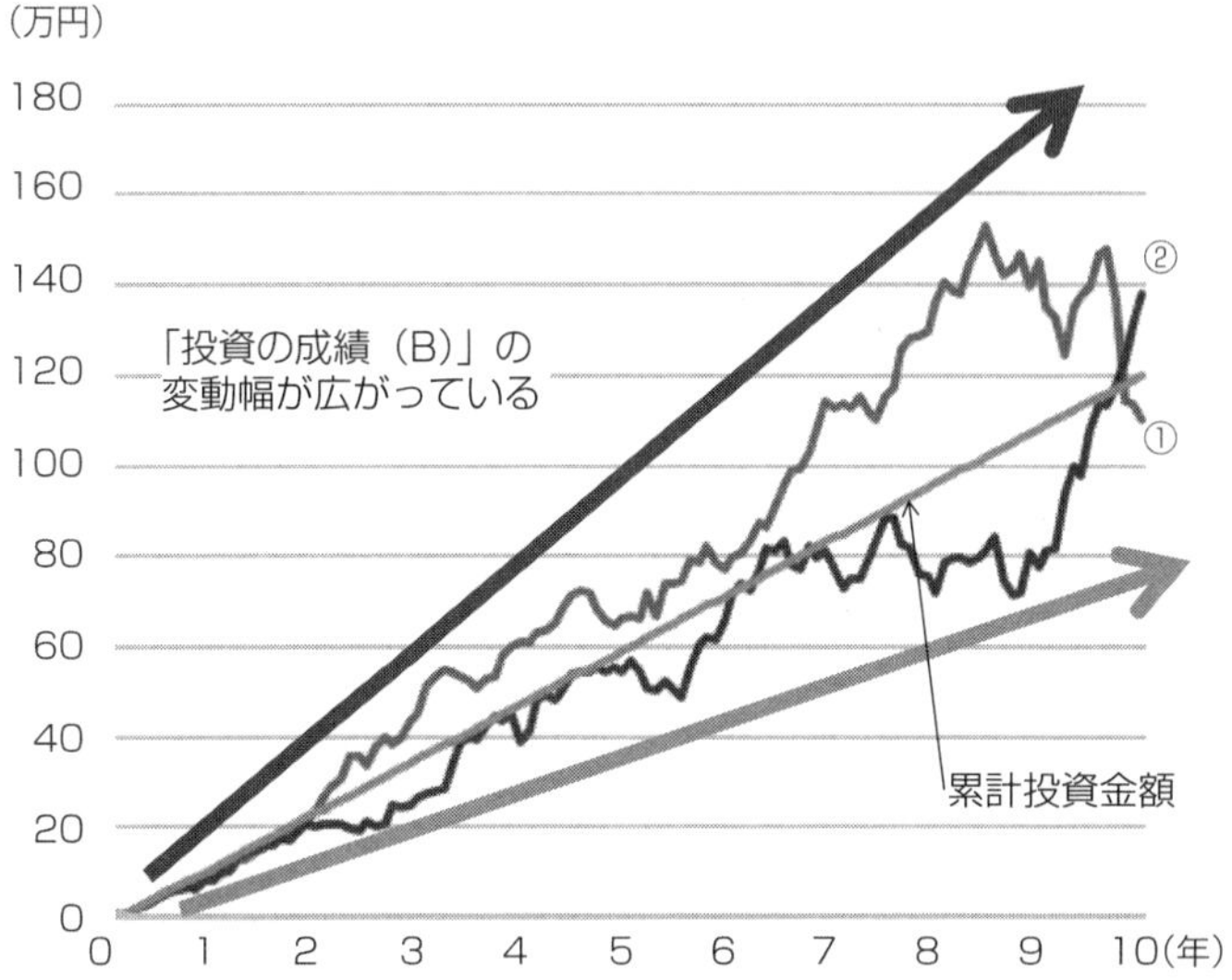

で、約10万円の赤字になってしまいました。残念に思うかもしれませんが、ここで追加の問題を出してみます。

つみたて投資が終了した段階で（10年目終了時点で、約10万円の赤字です）、追加投資も現金化もせず、しばらく運用を継続したとします。その場合、①は価格がいくらに戻れば、赤字から黒字に転換するでしょう？

正解は「1万1975円」です。

つみたて投資の成績は、「『量』×『価格』」で計算できますから、損益分岐の価格を知りたければ、つみたて投資の成績を「総投資金額」として逆算すればいいのです。

つまり、「総投資金額（120万

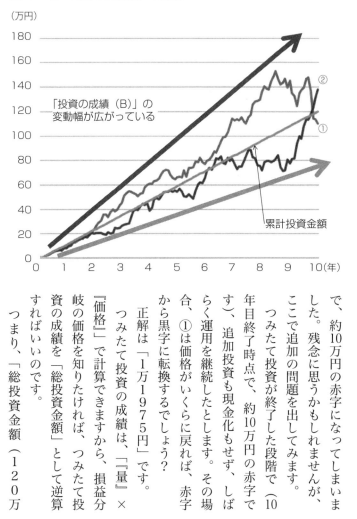

	終値(商品の成績／円)	収益率	投資の成績(円)	利益(円)	累計購入口数
①	10,995	−8.2%	1,101,832	−98,168	1,002,145
②	5,977	15.1%	1,380,763	180,763	2,310,127

円）を、買い込んだ「量」（100万2145口）で割れば計算できます（通常、投資信託の価格は1万口当たりの価格で表示されているので、最後に1万を掛けてください）。

すると、損益分岐価格となる「1万1975円」が出ます。つまり、①の人は赤字のまま終えるのが嫌であれば、1万1975円まで上昇するのを待てばいいのです。価格で言えば、あと「980円」の辛抱です。

①は一時期、1万7406円まで価格が上昇していたので、これは非現実的な数値ではありません。つみたて投資は、仮に「価格」が最後に下がっていたら、少し待つことで回復が期待できます（理想を言えば、価格が下がったときは「量」を買うチャンスなので、こういうときこそ継続して買い続けてほしいところですが）。

②は最後の価格は5977円と、スタート時より4割以上下がっていますが、約18万円の利益を出せました。口数を買い込んだことで、9年目、10年目の上昇で一気に「成績」を伸ばすことができました。

ちなみに、②も同様に、ここで現金化せず、また追加投資もせずに運用を続けたとします。②の価格が1万円まで戻ったら、投資の成績はどうなるでしょう？

正解は「約231万円」です。すごいですね。計算方法は、「『量』（231万127口）×『価格』（1万円）」です。

いかがでしょうか？　②は元に戻っただけで、投資金額を約2倍にできるのです。これも、つみたて投資の「量」を買い込むレバレッジ効果の威力です。

①②の投資の成績の推移を見ると、徐々に変動幅が広がっているのがわかります（図4－④）。

第３問　図４-⑤　商品の価格（基準価額）

第３問 「かなり上昇」vs.「後半に上昇」

それでは最後の問題です。図４-⑤をご覧ください。

①②に10年間のつみたて投資をした場合、どちらの「成績（B）」がよくなるでしょうか？

①はかなり価格が上昇している一方、②は一度下がった後に、元の価格に戻して、少し上昇しました。果たして、どちらの商品につみたて投資をしたほうが儲かるでしょうか？

正解は②です。

図４-⑥のグラフは少し見づらい

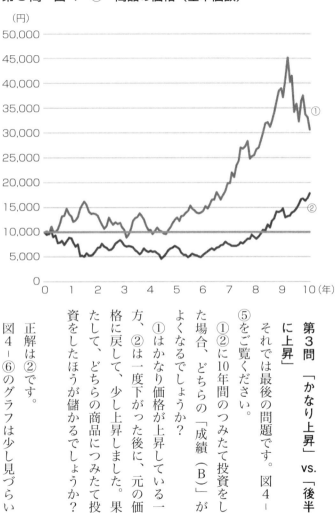

図４-⑥「投資の成績」の推移

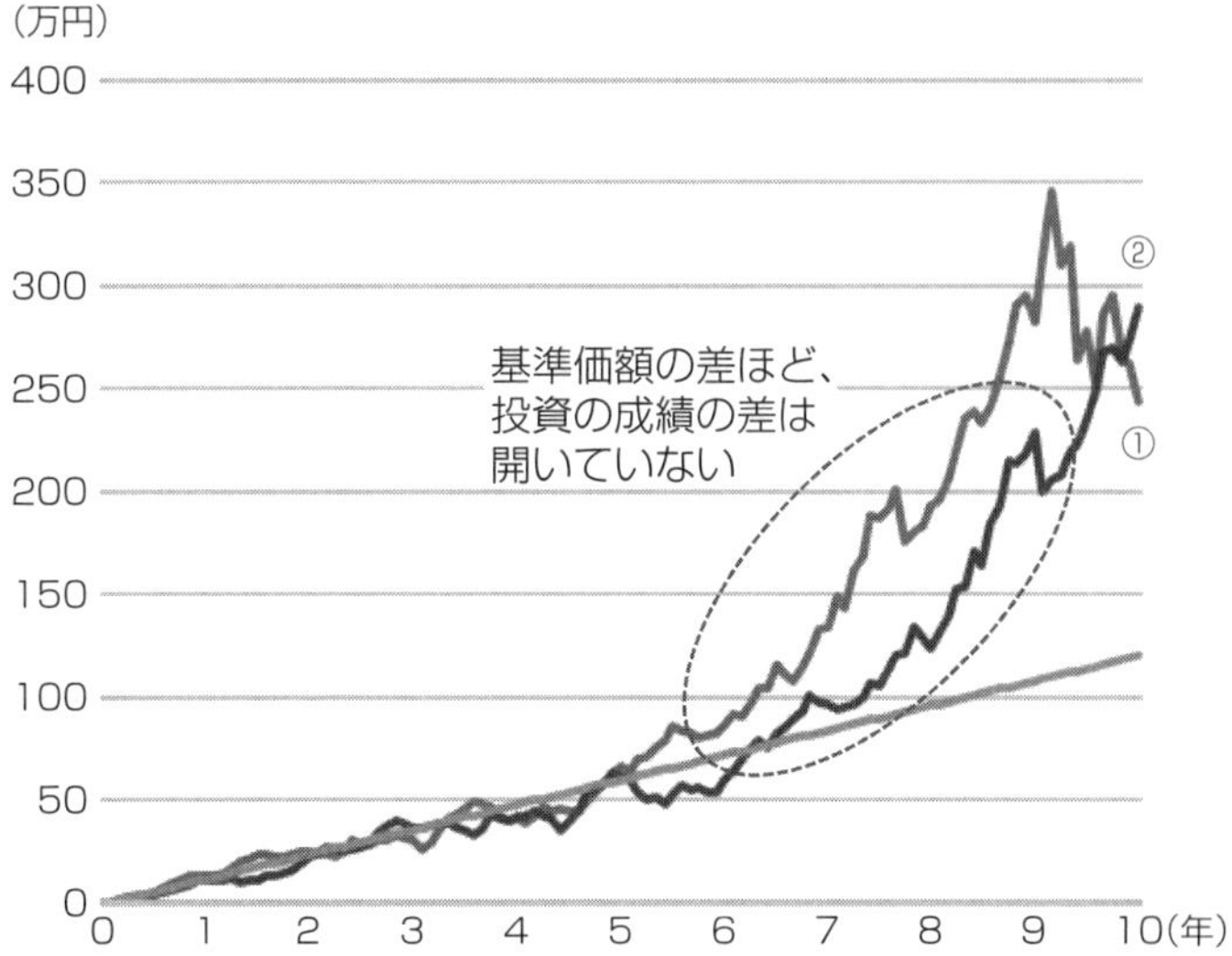

かもしれませんが、②が最後に①を追い抜いて勝ちました。つみたて投資の醍醐味を味わえる勝負でした。

「投資の成績（B）」は、①２４３万２３６円、②２８９万６２６５円です。僅差で②が勝ちました。

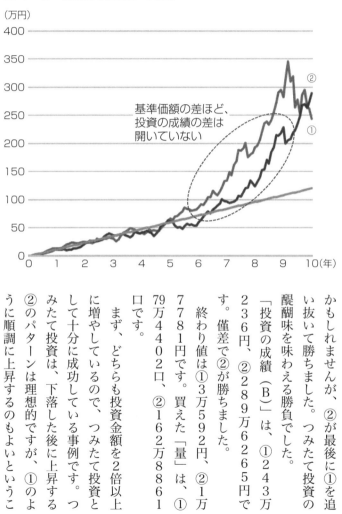

終わり値は①３万５９２円、②１万７７８１円です。買えた「量」は、①79万４４０２口、②１６２万８８６１口です。

まず、どちらも投資金額を２倍以上に増やしているので、つみたて投資として十分に成功している事例です。つみたて投資は、下落した後に上昇する②のパターンは理想的ですが、①のように順調に上昇するのもよいというこ

	終値（商品の成績／円）	収益率	投資の成績（円）	利益（円）	累計購入口数
①	30,592	102.5%	2,430,236	1,230,236	794,402
②	17,781	141.4%	2,896,265	1,696,265	1,628,861

とは、先に説明した通りです。

つみたて投資は、順調に上がり続けてもよく、序盤から下がり続けても別によいのです。ジグザグと停滞してもよいのです。重要なのは、終盤に向けて中長期的に上昇していくことです。ですから、第5章で説明する「つみたて投資の鉄則」は外さないようにしてください。

今回も、これまでの問題と同様に、序盤の「投資の成績（B）」の差はほとんどありません。6年目以降は、①のほうが「商品の価格（A）」は急激に上昇しています。しかし、①と②の「投資の成績（B）」はそこまで差は開いていません。

やはり、これは②が「量」を買えているからですね。6年目以降、「価格」の上昇率では①に負けていますが、「量」を多く買っているので、少しの「価格」上昇でも、「投資の成績」で①についていけたのです。そして、最後、①の価格が下がったことで、見事②が逆転となりました。

つみたて投資クイズを3問出しましたが、いかがでしたでしょうか？

つみたて投資で重要なことは、中長期的に上昇する資産に積んでいくことです。具体的には世界の株式です。その理由について、次の章で解説します。

第5章　つみたて投資の鉄則

図５－①　世界の株式市場の時価総額の比率（2012年）

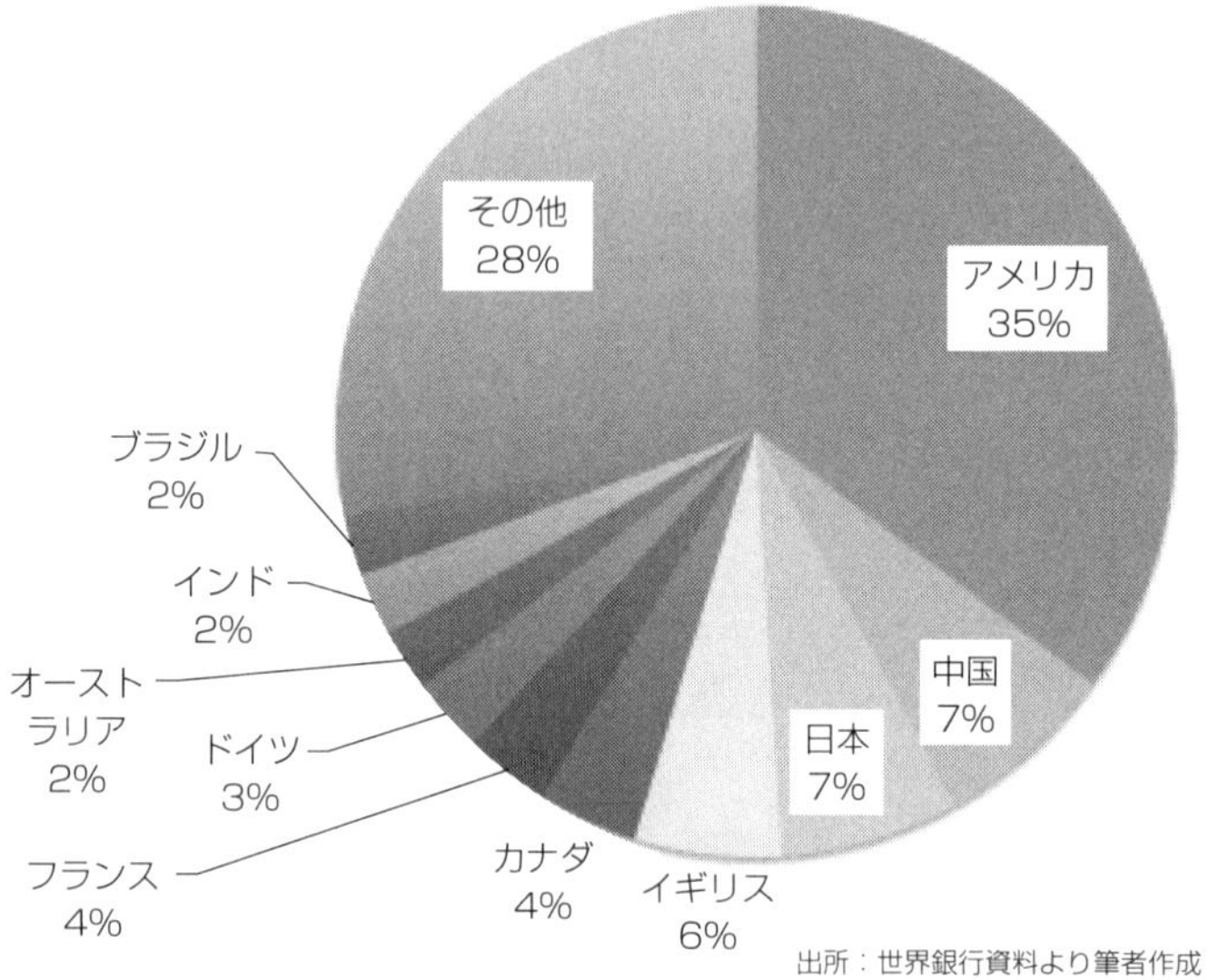

出所：世界銀行資料より筆者作成

世界経済は成長を続けている

　つみたて投資で重要なことは、中長期的に上昇する商品に積み立てていくことです。本書で繰り返し説明した通り、序盤、中盤はどれだけ下がってもいいですが、終盤にかけて上昇していくことが最大のポイントです。

　中長期的に成長が期待できる資産とは何でしょうか？

　前にも触れましたが、答えは「世界株式」です。世界株式とは、アメリカ、欧州、日本、中国、新興国などの世界中の国の株式のことです。

　図５－①は世界の株式市場の時価総額の比率です。アメリカが世界の株式

の約35％を占めています。そのあと、中国、日本、イギリス、カナダと続きます。株式というと「日本株」と思い込んでしまう人が多いのですが、日本株のシェアは世界の中で、ほんの数パーセントにすぎません。

つみたて投資の鉄則として、「世界株式」を選ぶ理由を説明します。結論から言えば、今後も当面の間は、世界経済の成長が期待できるからです。

経済が成長するということは、企業の売り上げが伸び、利益が伸びることを指します。株価は利益を先取りして反映するので、利益が伸び続ければ、株価は上がります。

次頁の図５－②は世界のＧＤＰの推移です。

「ＧＤＰ」とは国内総生産と呼ばれる、経済の大きさを表す数値で、一年間に生み出された付加価値の合計額です。

確認してほしいのは、世界経済は力強く成長を続けているという点です。日本にいるとあまり実感がわかないかもしれませんが、世界経済は猛烈な勢いで成長をしています。

１９８０年頃、世界経済のＧＤＰは約10兆ドルでした。10年後の１９９０年には約20兆ドル、２０００年には約30兆ドルに成長しています。10年ごとに10兆ドルずつ世界経済は拡大しました。

日本のＧＤＰは約５００兆円（約４兆ドル）ですので、世界経済が10年ごとに10兆ドルず

図5-② 世界のGDPの推移

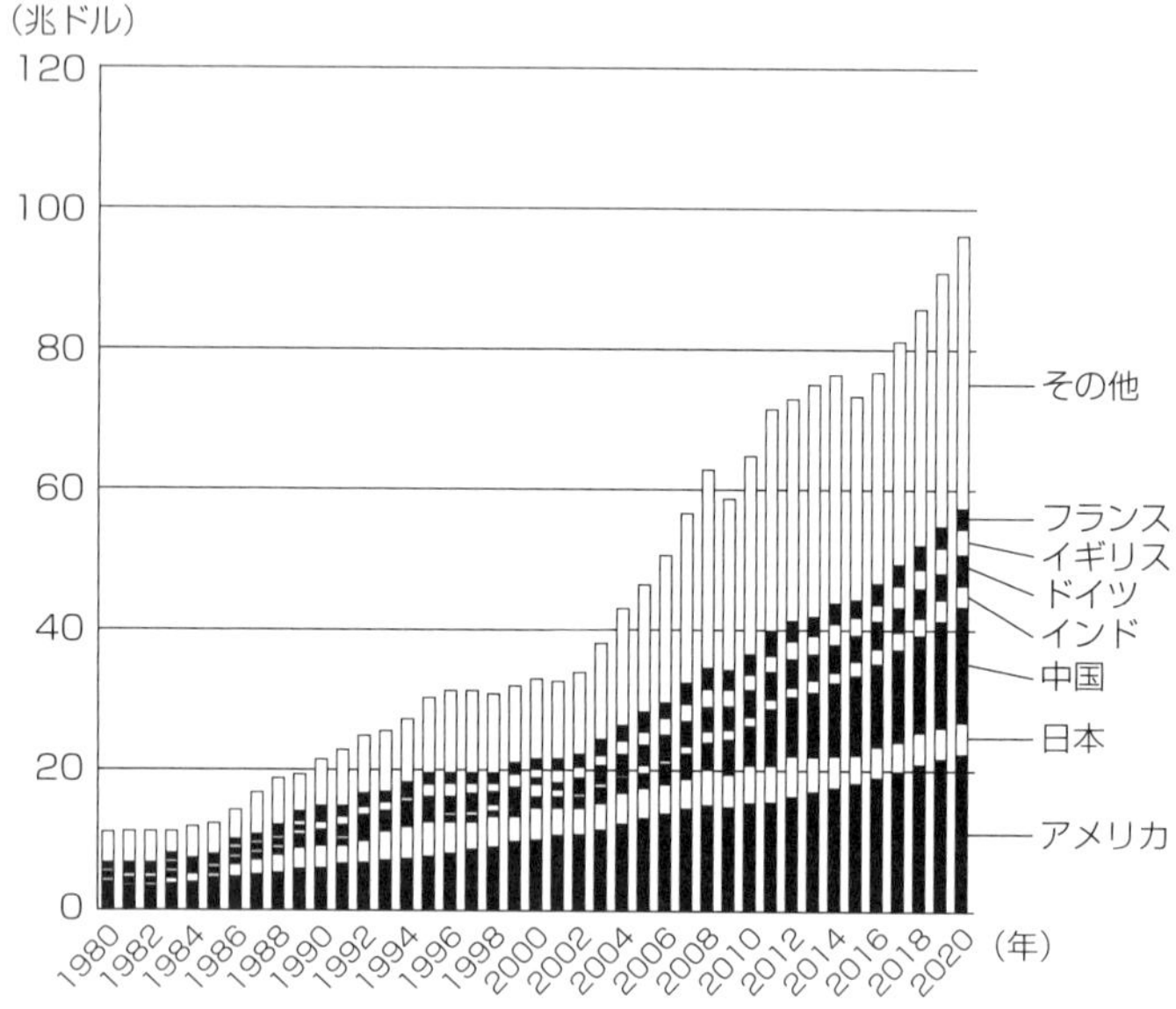

出所:IMF World Economic Outlook Databaseより筆者作成

つ拡大するということは、日本経済2つ分以上のGDPが増えたという計算になります。

世界経済は2000年からアクセルを踏むように、さらに成長を加速させます。2000年からの10年間で約30兆ドル増えました。それまで10年間で10兆ドルずつの成長だったのが、一気に3倍のスピードになったのです。2010年から2020年にかけての10年間でも、やはり約30兆ドルの成長が見込まれています。加速度的な成長が続くのです。

2020年時点で、90兆ドル

まで世界経済が拡大すると予想されています。つまり、１９８０年から40年間で、世界経済は約９倍にも成長するのです。

世界経済が成長するなら心配は無用

では、この世界経済のＧＤＰを作り出す主役は、誰でしょう？

正解は「民間企業」です。もちろん、一部、政府などが生み出す部分もありますが、大半は民間企業が製品やサービスを生み出します。

つまり、世界経済のＧＤＰが成長するということは、世界の企業の売り上げが成長することです。売り上げが成長すると利益も伸びます。株式市場は企業の利益を先取りして反映します。売り上げや利益が伸びる経済では、株式市場は成長します。

次頁の図５－③は１９６９年以降の世界（日本を除く）の株式市場の推移です。これまで幾度となく大きな下落を経験し、その都度、その前の高値まで戻り、さらに高値を更新し、右肩上がりで成長しています。

これは偶然ではありません。その背景に「世界経済の成長」があるのです。そして、今後も世界経済が成長するならば、世界の株式市場は短期的には上下を繰り返しながらも、右肩上がりの成長が期待できるのです。

図5-③　世界株式の推移

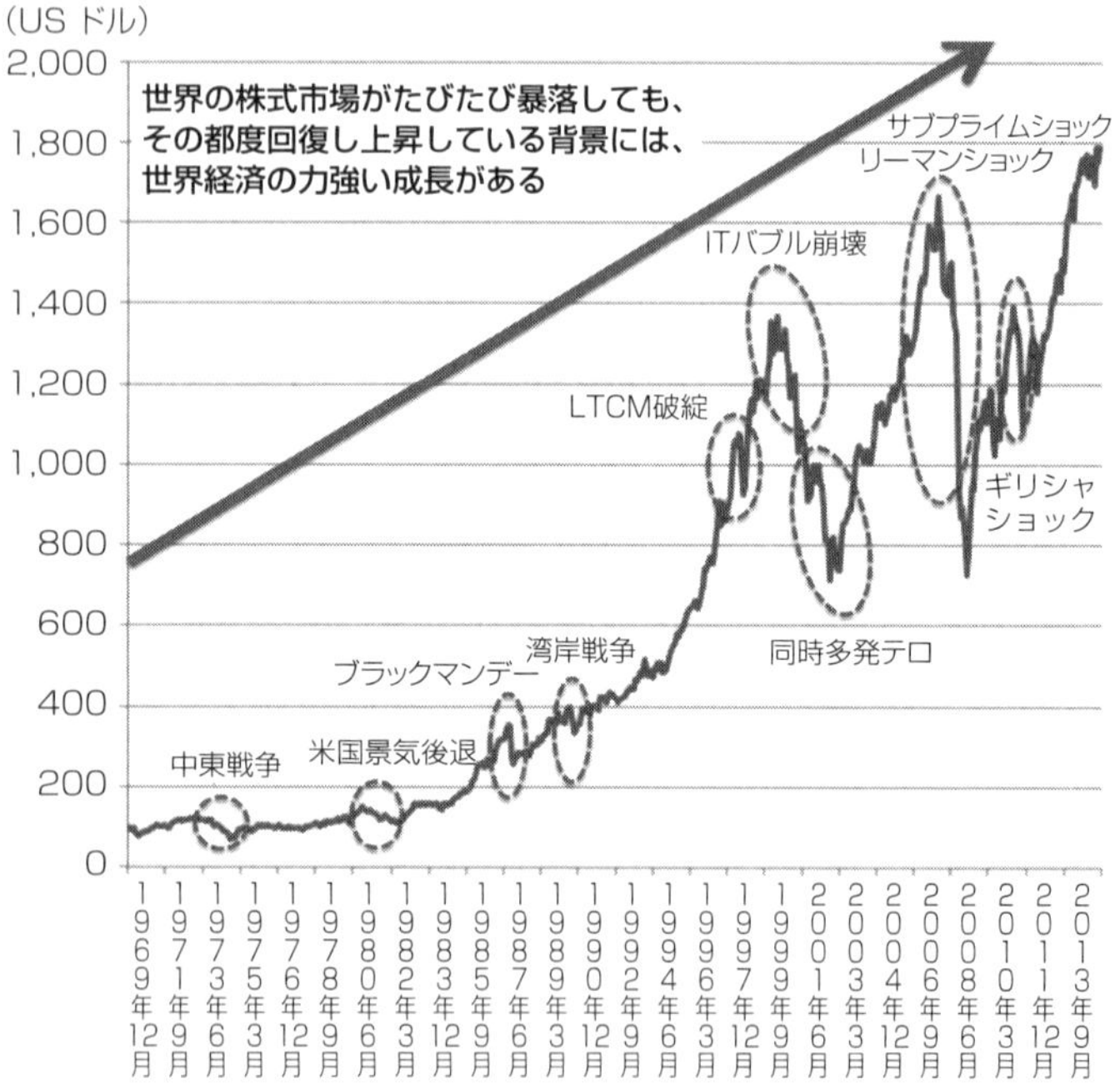

出所：MSCI 'KOKUSAI' Index（USドルベース）

以前に比べて、最近のほうが乱高下している印象を受けるかもしれません。しかし、それは誤解です。単純に価格が上がると、変化する価格が大きくなるからです。

　説明しましょう。たとえば、1万円の商品が1％値上がりするといくらになるでしょう？　答えは「1万100円」です。では、100円の商品が1％値上がりすると、いくらになるでしょう？　答えは「101円」です。前者は100円も上昇しているのに対し、後者は1円しか値上がりしていません。同じ「1％」の変動でも、価格が高いほうが、変動幅が大きくなるのです。

たとえば、１９７２年12月を高値とし、中東戦争の影響で暴落した局面をご覧ください。グラフでいちばん左にある点線の円の印です。このときの下落率は「約44％」でした。

一方、１９９９年12月を高値とし、ＩＴバブル崩壊と同時多発テロで株価が大きく下落した局面をご覧ください。このときの下落率は「約47％」です。

グラフで見ると後者のほうがはるかに大きく下落しているように見えますが、「下落率」の差はたったの３％です。

株式市場は、この数年だけでなく、過去に何度も３割から5割程度下げる下落局面を経験してきたのです。

それは今後も数年ごとに起こるでしょう。それでも、世界経済が成長を続けるなら、そこまで心配は不要です。どんなに下落しても、これまでと同様に、数年待てば戻ることが十分期待できるからです。重要なのは、世界経済が今後も成長を続けるか否かです。

世界経済について考える式

「世界経済が成長する」と言われても、漠然としていて実感がわきづらいと思います。ですので、世界経済の成長について考える際に役に立つ式を紹介します。

ある組織の経済規模を測るとき、次の式で計算できます。

「経済規模」＝「人口（a）」×「一人あたりの生産性（b）」

「一人あたりの生産性」とは「一人が生み出す価値」です。

この考え方はいろいろな組織に当てはまります。たとえば、企業の売り上げ（経済規模）を考えると次の通りです。

「企業の売り上げ」＝「従業員数（a）」×「従業員一人あたりの売り上げ（b）」

企業の売り上げは、aの人口＝「従業員の人数」、bの一人あたりの生産性＝「従業員一人あたりが生み出す売り上げ」で決まります。

国の経済規模は、「国の経済規模」＝「国民の数（a）」×「国民一人あたりが生み出す付加価値（b）」です。

同様に、世界経済で考えると、次のようになります。

「世界経済（GDP）」＝「世界の人口（a）」×「一人あたりが生み出す付加価値（b）」

世界経済の「人口（a）」と「一人あたりが生み出す付加価値（b）」の各要素について確認しましょう。それぞれが高まるなら、世界経済は確実に成長します。

「人口が増える」とはどういうことか

世界経済を計算する要素となる、「人口（a）」については、爆発的に増加しています。世界人口も、生産年齢人口も、共に２１００年頃までは増え続けます。

次頁の図５－④は１９５０年以降の世界人口の推移です。１９５０年のときは約25億人でした。１９７０年代半ばに40億人に達し、１９９９年に60億人、２０１２年に70億人に達しました。

そして今後、２０６２年に世界人口は１００億人に達すると予想され、２１００年頃まではさらに増え続けます。

日本は人口が減っていますが、世界の人口はアジアやアフリカを中心に着々と増え続けています。

図５-④　世界の人口の推移

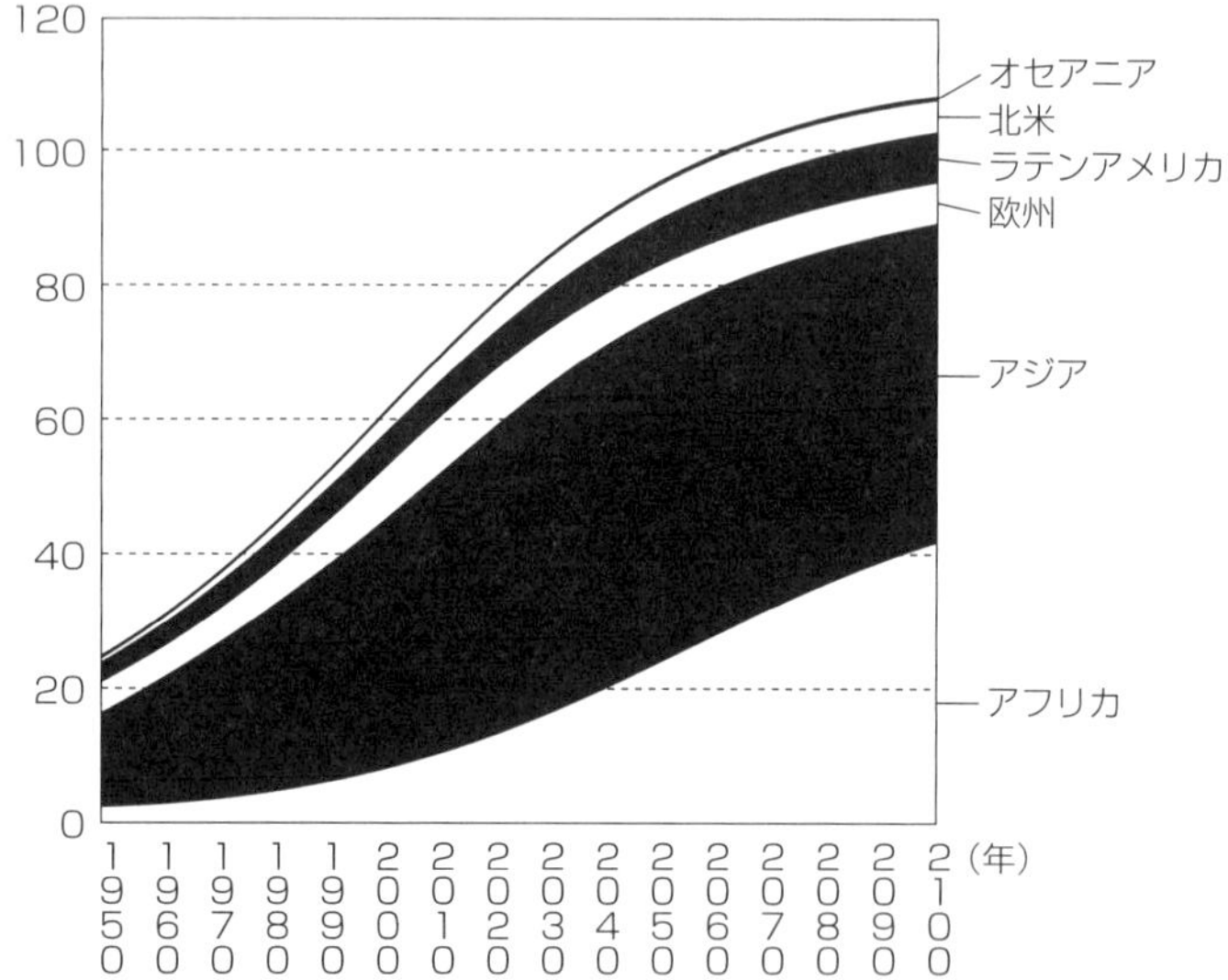

出所：World Population Prospects: The 2012 Revisionより筆者作成

経済成長を考えるうえで特に重要なのが「生産年齢人口」です。国によって定義は異なりますが、一般的には15歳以上65歳未満の働き手となる人口を指します。

生産年齢人口は１９５０年に15億人だったのが、２０１５年に48億人、２１００年には65億人に達すると予想されています。これから約17億人の生産年齢人口が増えるのです（図５－⑤）。

人口が増えるとはどういうことでしょうか？　それだけモノを買ったり、消費する人が増えるということです。

食事をして、米やパン、パスタ

図５-⑤　世界の生産年齢人口の推移

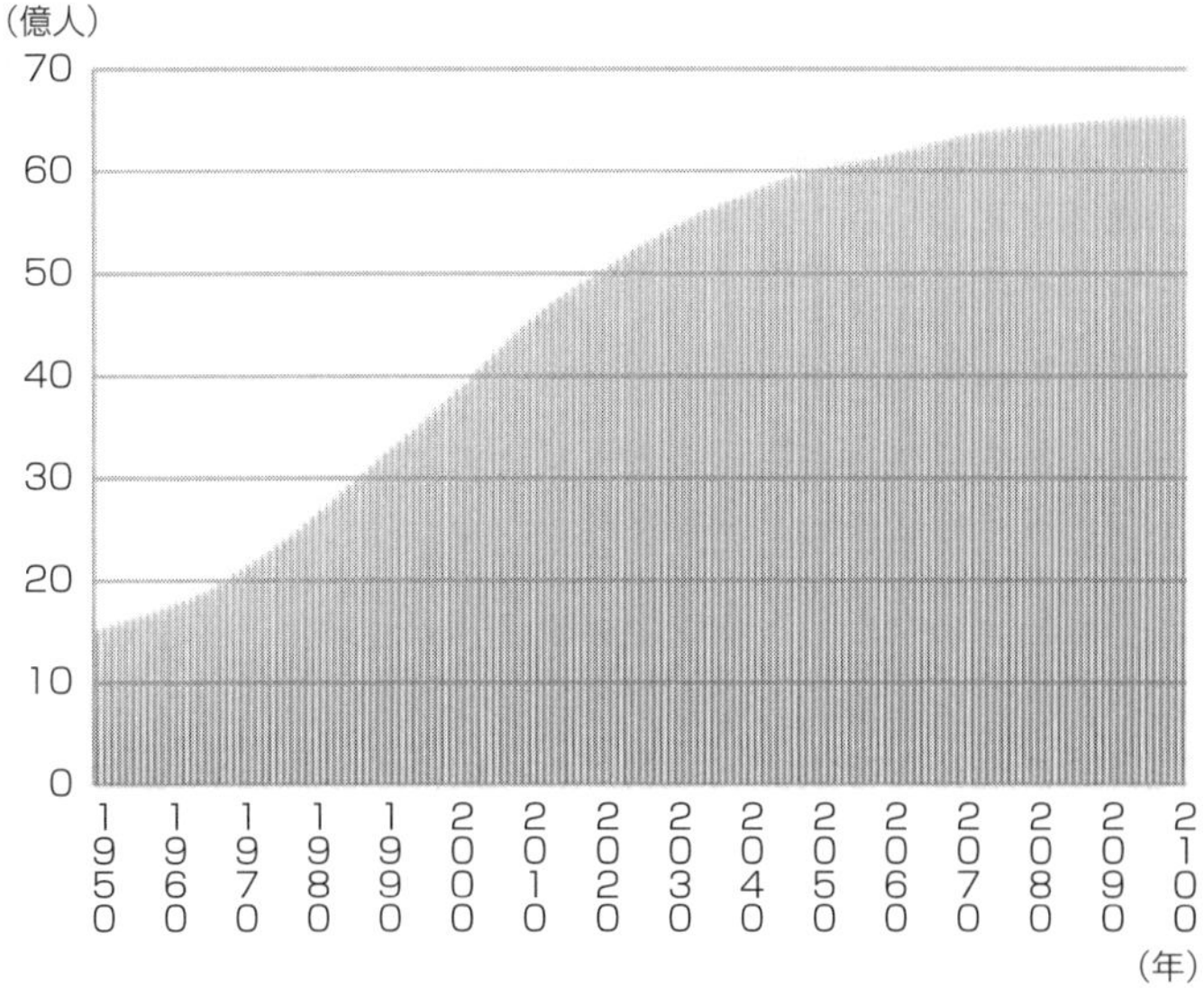

出所：World Population Prospects: The 2012 Revisionより筆者作成

などを食べます。住宅を買い、冷蔵庫や洗濯機、テレビなどの家電を買います。仕事に行くため車や電車に乗り、移動します。休みの日は旅行にもいきます。家族ができれば、子どもの分も生活費や教育費が増えます。

人口が増えるということは、「お金を遣う人」が増えるということです。人口は、経済を刺激するエンジンなのです。

一人あたりの生産性について

「一人あたりの生産性」について考えてみます。これは「一人あたりが生み出す付加価値」と言い替えていいでしょう。

結論から言うと、技術の進化に伴い、生産性は上がります。下がることはありません。抽象的なので、わかりづらいかもしれませんが、技術が進化する中で、生産性が下がるということは極めて考えづらいです。

たとえば、印刷技術が「ない時代」と「ある時代」ではどちらの生産性が高いでしょう？　印刷技術がない時代は、手書きでの書写や口伝えが主な伝達方法でした。これではミスも起きやすいですし、なにしろ手間がかかります。印刷技術があれば、時間が経過しても印刷物は残りますし、大勢に伝えられます。

電話がない時代、遠方の人と会話はできませんでした。手紙を出すか、直接会いにいくしかなかったのです。当然、電話があるほうが便利ですし、生産性も上がります。

パソコンがなかった時代、現在、私たちがしている仕事はできるでしょうか？　提案書を作ったり、データをまとめたり、計算するのをすべて手で行わないといけません。非常に手間や時間がかかるでしょう。インターネットがなかった時代に比べ、今のほうが圧倒的に生産性は上がります。

それは仕事の面だけではありません。家庭でも同じです。洗濯機がなかった時代は、手でゴシゴシと洗わないといけませんでした。今はボタン一つで洗濯が済みます。冷蔵庫がなかった時代は、食材を長く保存できませんでした。電子レンジ、食器洗浄機、掃除機、クーラー……。家庭における生産性も上がっています。

技術は進化を続けます。技術が進化することで私たちの生活は便利になり、生産性が上がります。人工知能、ロボット、ドローン、万能細胞、仮想現実、拡張現実など、次々と新しい技術が研究されています。

技術の進化によって、より小さな労力で大きな価値を生み出すようになるのです。世界経済の一人あたりの生産性は、技術の進展に伴い、今後も上がるのです。

世界経済を計算する2つの要素が上昇するのですから、世界経済が今後も成長するのは当たり前です。

世界経済が成長し、企業が業績や利益を伸せば、世界の株価も成長していくのは必然でしょう。もちろん、短期的な上下はあるでしょうが、数年待てば戻り、また高値を更新し続けると期待できるのは、力強い世界経済の成長があるからです。

つみたて投資の鉄則は、この世界経済の成長の波に乗ることです。短期的な上下は気にせず、投資信託を活用して、その波に乗り続けることです。

図５－⑥　世界の人口の推移

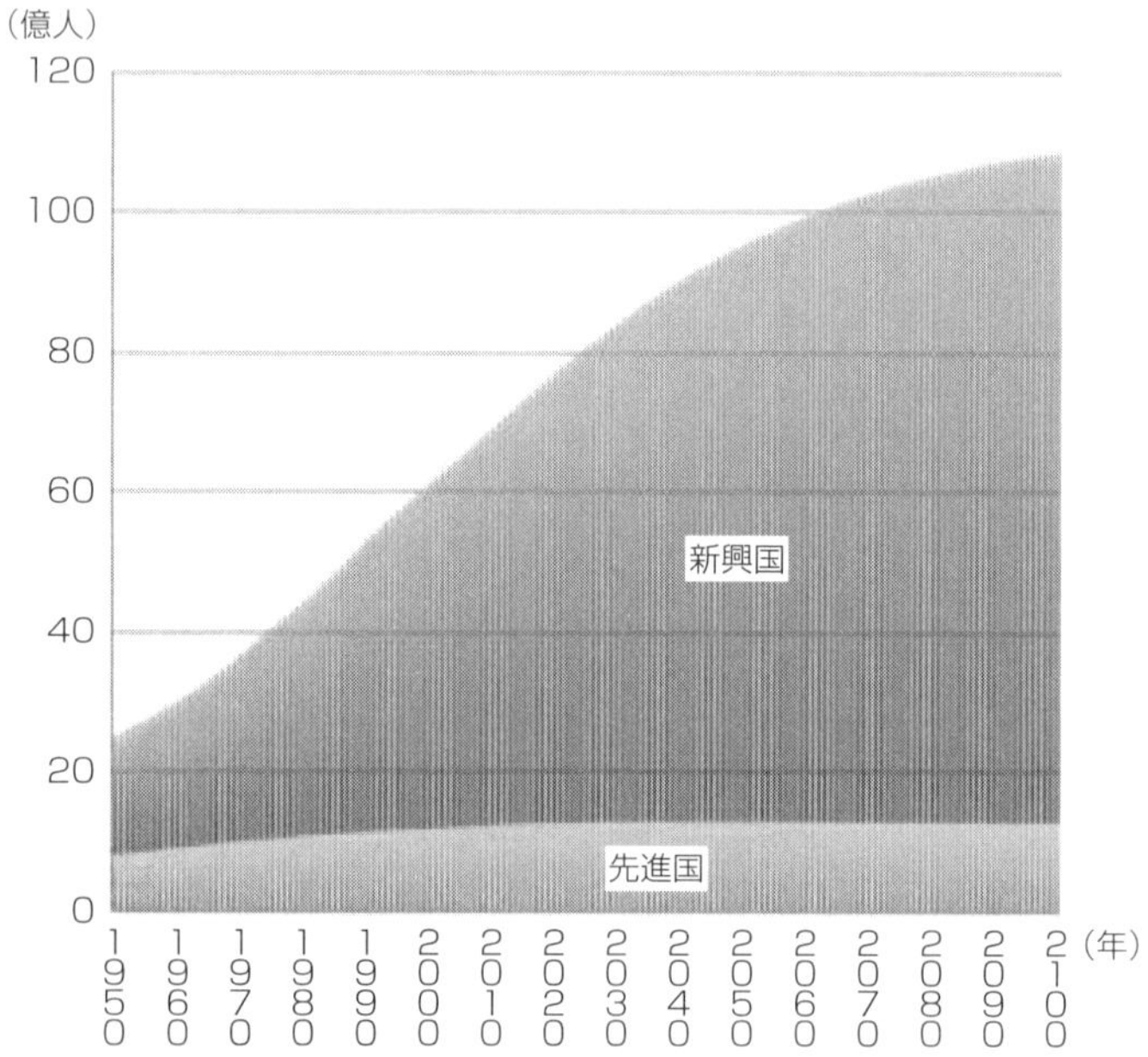

出所：World Population Prospects: The 2012 Revisionより筆者作成

新興国株式への投資

世界株式の中でも、注目したいのは「新興国株式」です。理由は、人口の増加は新興国で起こるからです。

図５－⑥は１９５０年以降の、先進国と新興国の人口の推移です。ひと目見れば明らかですが、先進国の人口はほとんど増えません。一方、新興国の人口は順調に増え続けます。

先ほどの経済規模を測る式で考えてみましょう。

「経済規模（GDP）」＝「人口（a）」×「一人あたりの生産性（b）」

新興国では、一人あたりの生産性も伸びます。生産性は、先進国と比較した場合、伸びしろは、先進国よりも高いです。理由は先進国のほうが、新興国に比べて、すでに高い水準にあるからです。先進国でも生産性は上がりますが、新興国のほうが、さらに伸びるイメージです。

つまり、「人口（a）」と「一人あたりの生産性（b）」の2つの要素が、それぞれ大幅に上昇する新興国は、大きな成長が期待できるのです。

2000年頃、世界のGDPの約8割は、アメリカ・欧州・日本などの先進国で生み出されていました。しかし、2020年には世界のGDPの半分は新興国が生み出すと考えられます。アジア、アフリカ、東欧等が成長するからです。

先進国は、GDPの成長率で比較すると新興国より小さくなるのは当然です。ただ、先進国の企業は、新興国に製品を売って利益を伸ばせます。先進国の企業も、十分成長の余地はあります。日本でも、新興国でしっかり販売できている企業の業績は好調です。

投資の基本は、今後の成長の期待を見込める資産を選択することです。世界株式への投資を原則として、一部は新興国の株式も保有しておくのがいいと思います。

日本経済の未来についての考察

日本株式について、どの程度の配分を持つのがいいでしょうか。私は個人的には数パーセントでいいと思います。日本の株式市場は世界全体で見て、数パーセントのシェアしかないからです。

先ほどの式「経済規模（GDP）＝人口×一人あたりの生産性」で考えてみましょう。

まず、日本の人口は減っています。2010年に約1億2800万人だった日本人は、2060年に約8700万人になると予想されています。

「一人あたりの生産性」が上昇しても、人口の減少によって相殺されてしまうでしょう。

実際、日本のGDPは1990年以降、約500兆円で伸びていません（次頁図5－⑦）。

このように考えると、日本経済は今後ゼロ成長を維持するのが通常の姿になると思います。よって、中長期的な成長率を考えた場合、日本の株式市場の保有は数パーセント程度で十分だと思っています。

リーマンショックの世界経済への影響

もう一度、世界のGDPの推移（134頁図5－⑧）をご覧ください。2009年の箇所

図5-⑦　日本のGDPの推移

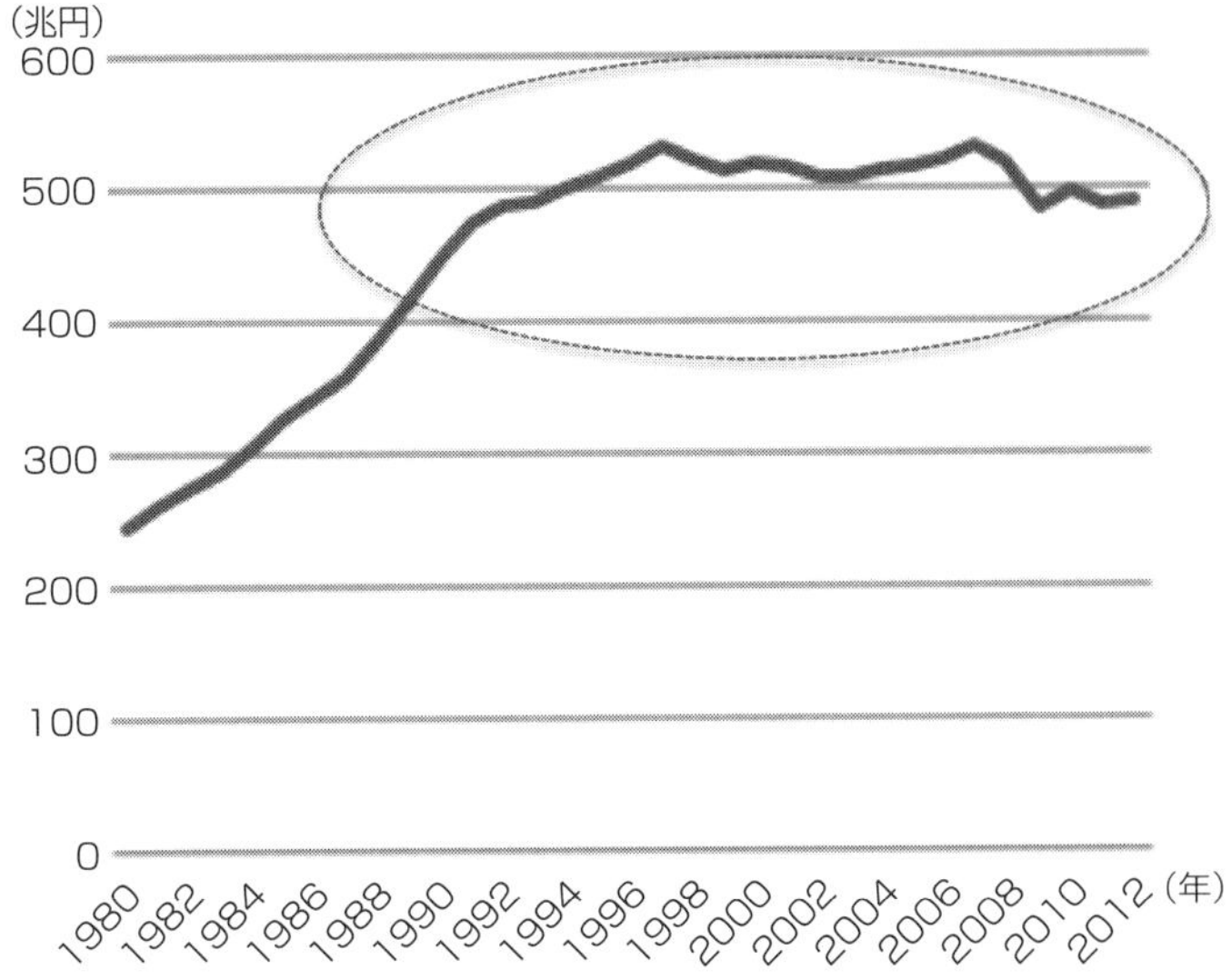

出所：内閣府資料より筆者作成（1993年までは平成12年基準、それ以降は平成17年基準）

が若干凹《へこ》んでいます。これは何でしょうか？

おわかりですね、正解は「リーマンショック」です。この頃、「100年に一度の経済危機」と言われ、「資本主義の崩壊」などの扇動的な報道が続いた時期です。「100年に一度の経済危機」は、世界の実体経済にはこの程度の影響しか与えなかったのです。

確かに、この時期、株式市場は大きく下落しました。株式市場は実体経済とは別の要因で、変動することがあるからです。

ただ、世界の株式市場はそれか

図5-⑧　世界のGDPの推移

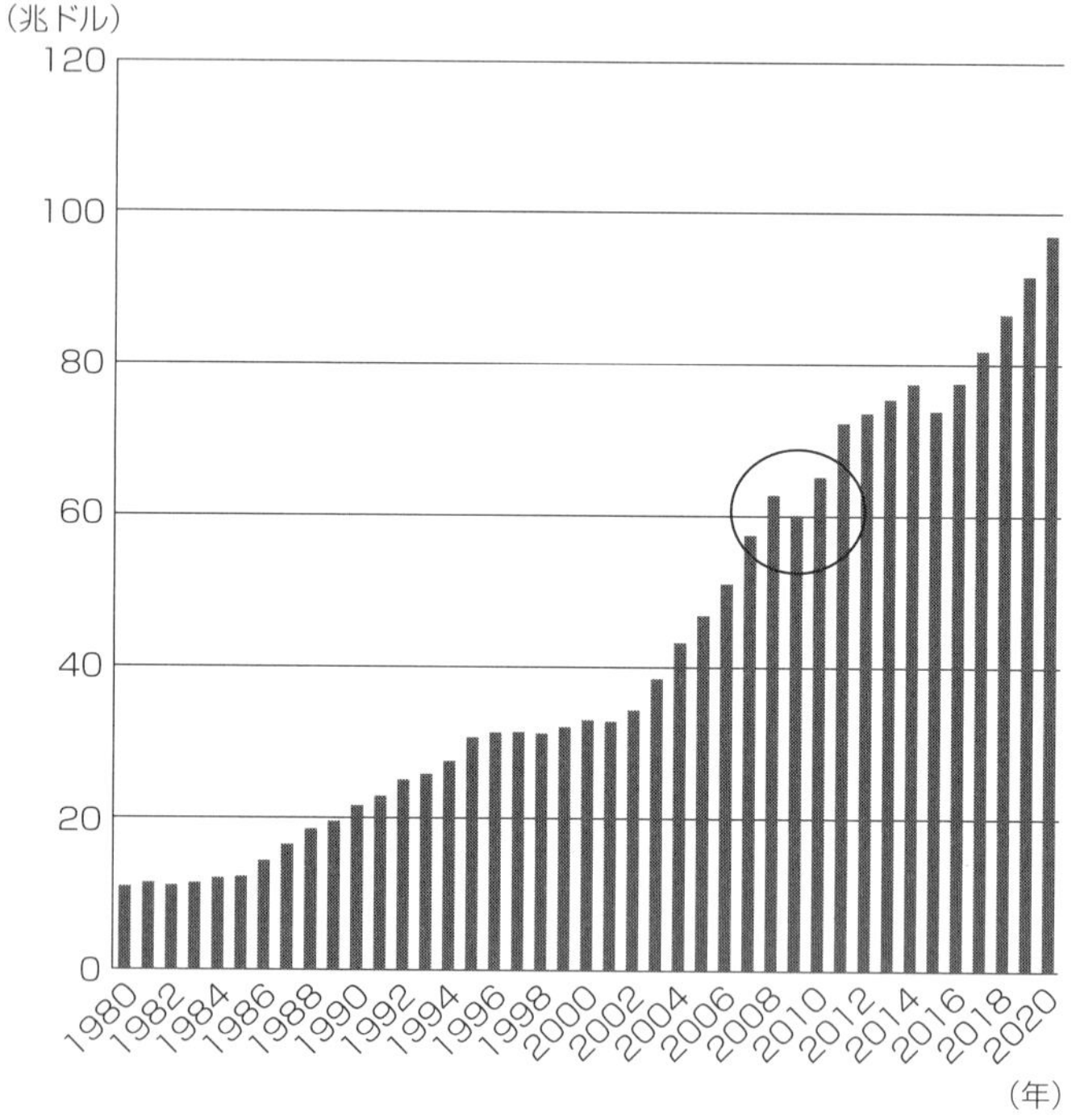

ら数年のうちに、リーマンショック前の高値を大幅に上回っています。

今後も、数年ごとに大きな株式市場の下落はあるでしょう。ただ、慌てる心配はありません。世界経済が成長し、企業の業績が上昇する限り、数年待てば回復が十分期待できるからです。

特に、つみたて投資であれば、その下落局面が「量」を買い込むチャンスになります。短期的な上下に一喜一憂する必要はないのです。

結局のところ、つみたて投資をするかどうかの判断の基準は、中長期的な世界経済の成長を信じることができるか否かです。それを信じることができる人は、株式に投資をして気長に待てばいいと思います。信じられない人には、そもそも株式への投資はお勧めしません。

本章では、世界経済について考えるために役立つ式を紹介しました。中長期的な経済成長が期待できる方は、自信を持って、つみたて投資をスタートしていただければと思います。

日米の「株式」に対する解釈の違い

参考までに、海外で「つみたて投資」をしている人が、どの程度、株式を保有しているか紹介します。

アメリカには税制優遇を得ながら「つみたて投資」をできる「確定拠出年金」が広く普及しています。その加入者の平均的な姿を紹介します。

まず、20代の資産形成層は7割程度を株式で運用しています。20代はまだ若く、働いていて収入もあるのでリスクを取りやすい世代です。ここで注目していただきたいのは、60代の人でも5割程度は株式で運用している点です（次頁図5－⑨）。

日本で60代の資産運用というと、「安定運用」と銘打ち、国内外の債券で8～9割程度組

世界で「つみたて投資」をしている人たちの資産配分は株式中心

図5-⑨　アメリカで「つみたて投資」をしている人の資産配分（年代別）

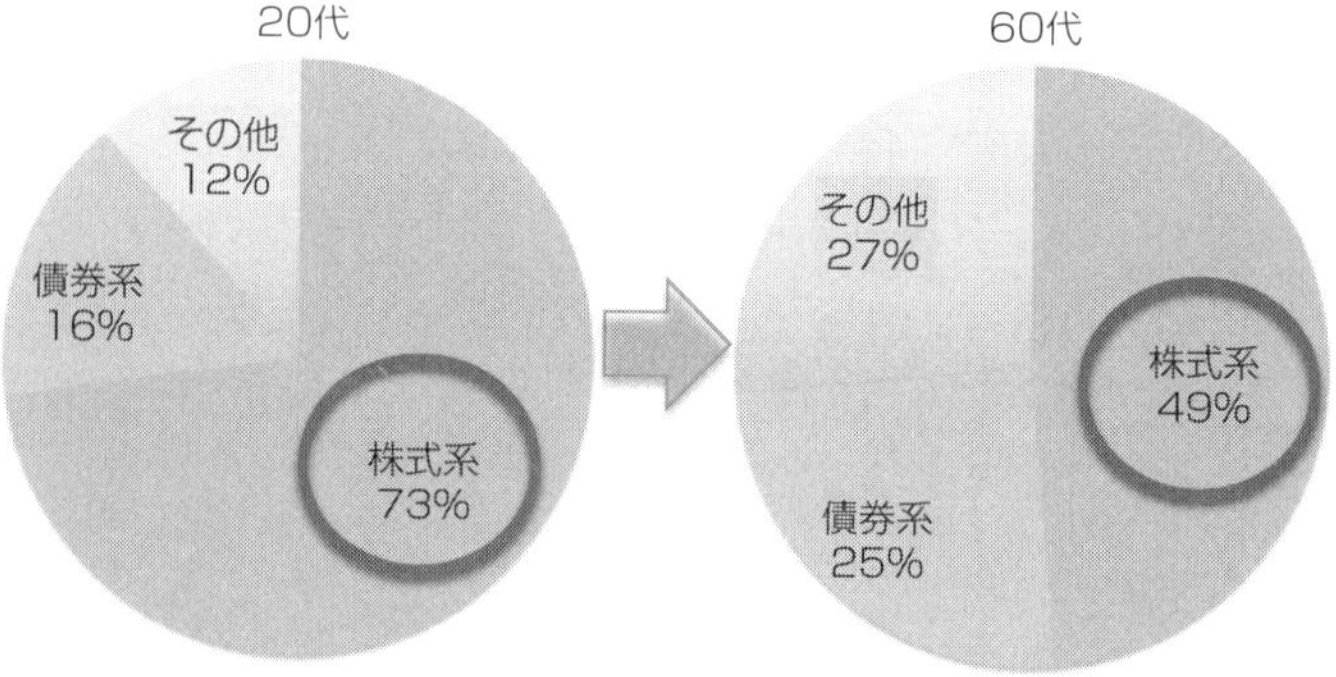

出所：アメリカの401k加入者の年代別資産配分：米国投資信託協会

図5-⑩　イギリスで「つみたて投資」をしている人の資産配分（残高）

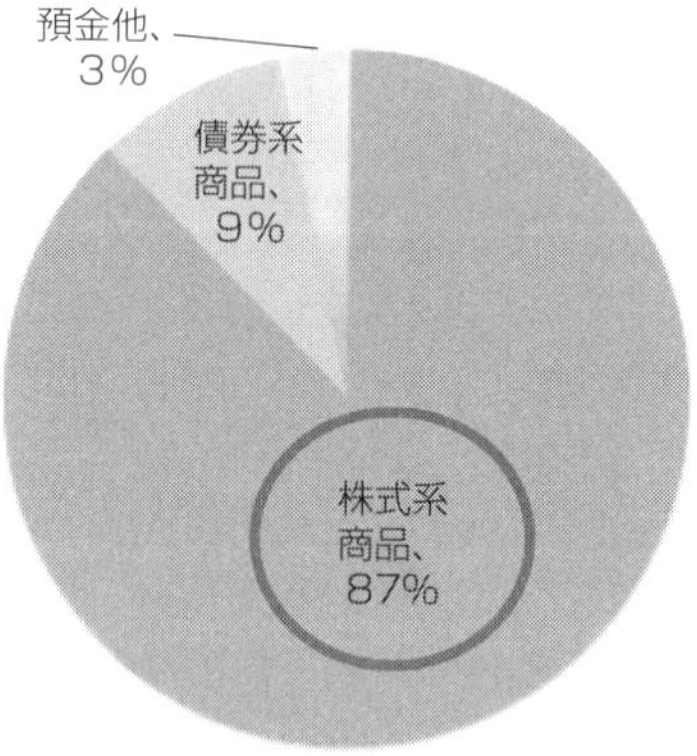

出所：イギリスの株式型ISAの資産配分（残高）：日本証券業協会

み入れるポートフォリオを提唱する人を頻繁に見かけます。

これはちょっともったいないと思います。60歳からの余生も20〜30年程度あると考えると、株式をもう少し保有して、その間の成長を狙ったほうがいいのではないでしょうか。

もちろん、現役世代の頃のように大きなリスクは取れませんが、40〜50%は株式で運用を続けてもいいと思います。

次はイギリスです。

イギリスには「ＩＳＡ」という、税制優遇が受けられる制度が広く浸透しています。日本で２０１４年から「ＮＩＳＡ」が始まりましたが、その手本となった制度です。

ＩＳＡには、預金をする「預金型ＩＳＡ」と、投資信託などで運用していく「株式型ＩＳＡ」があります。株式型ＩＳＡを利用している人全体の資産残高の内訳は前頁図５‐⑩の通りです。「株式」の割合が87%と圧倒的に高いのがわかります。この数値は、株式型ＩＳＡを利用している人のほとんどが、株式中心につみたて投資をしている結果です。

このように、欧米ではつみたて投資に株を使うのは「当たり前」のことなのです。

日本では株式は「危険なもの」「リスクが高いもの」というネガティブなイメージで捉えられています。一方、欧米では「成長するもの」「資産を増やすもの」というポジティブなイメージです。同じものでも見方によって、解釈が異なります。

図５－⑪　日米の個人金融資産比較

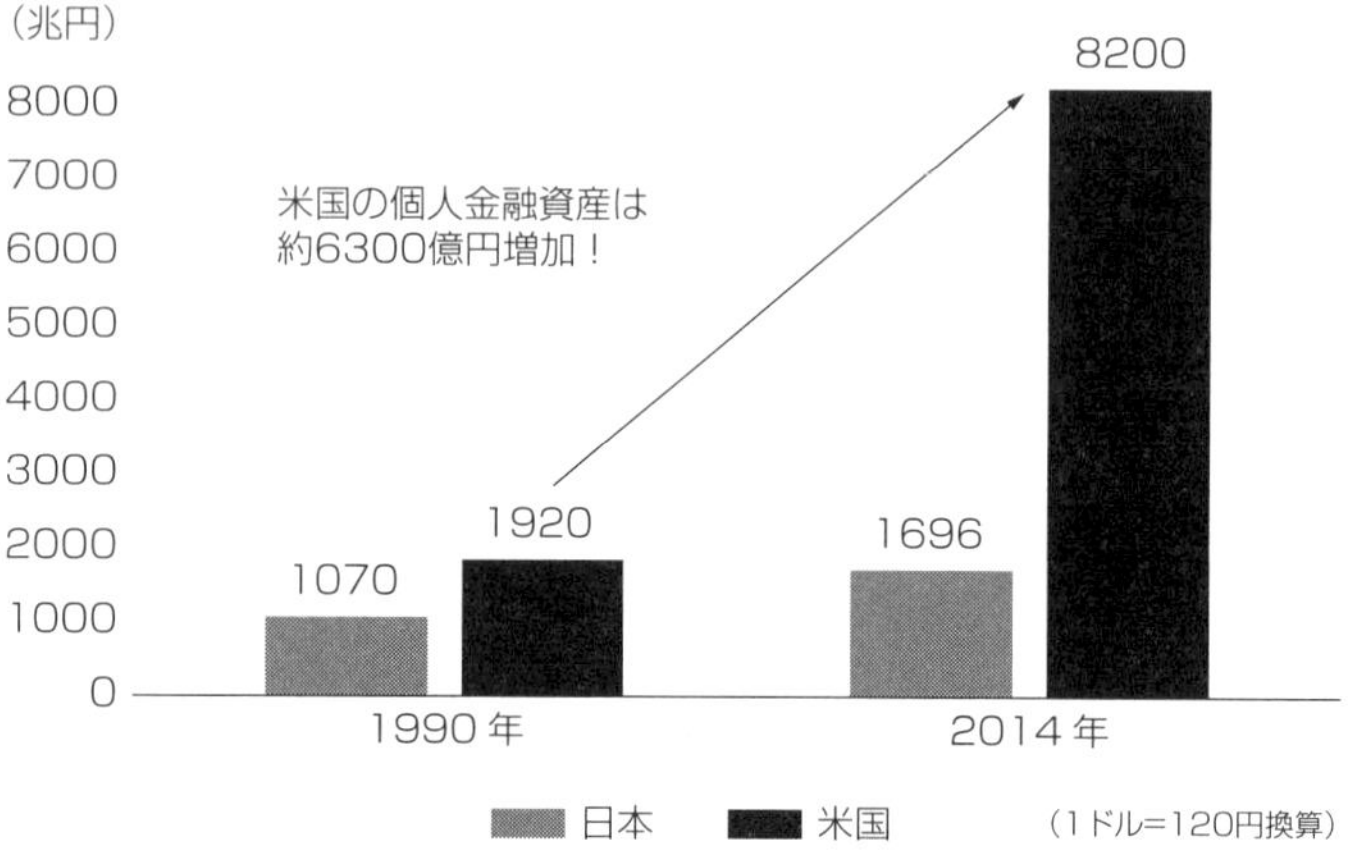

アメリカは１９９０年から２０１４年の25年間で、個人の金融資産を約52・３兆ドル（約６３００兆円）増やしました（図５－⑪）。このうち、株式や投資信託などの運用資産で増えたのは、44・３兆ドル（約５３００兆円）です。つまり、アメリカの個人金融資産の約85％は株式を中心とする運用で増えたのです。

一方、日本はその間６７９兆円しか増えていません。１９９０年当時は、日米の個人の金融資産は６００兆円程度しか差がありませんでした。しかし、それから25年経過して、その差は約５０００兆円に開きました。

アメリカは、株式を使って国民全体の資産を増やすことに成功したのです。

図5－⑫　日米の投信残高の推移

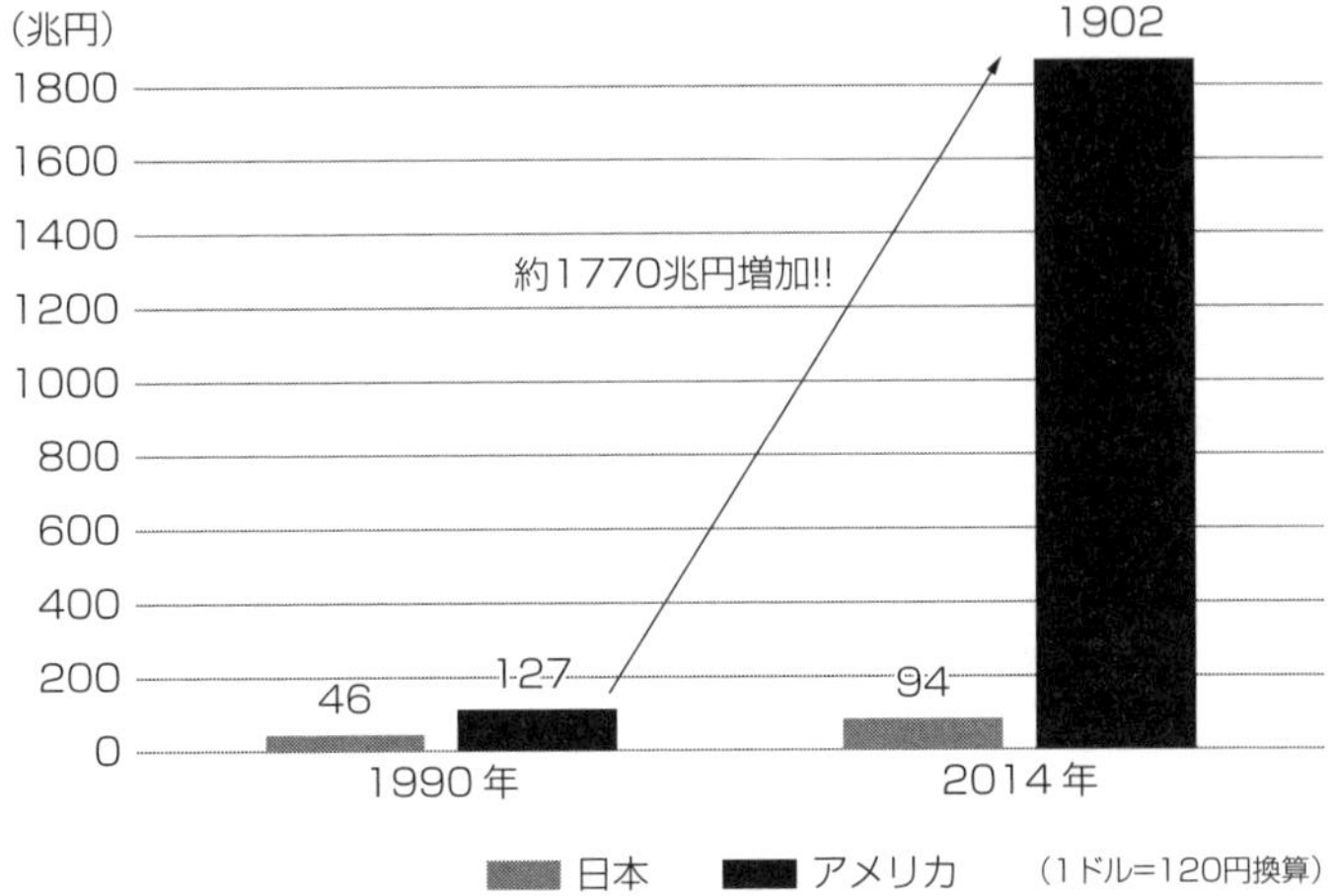

日本人に運用が広がらなかった理由

投資信託の残高を比較します。アメリカ人は、1990年から25年間で約15兆ドル（約1770兆円）を増やしました。一方、日本は約48兆円しか増えていません。アメリカ人は、日本人の30倍以上も投資信託の残高を増やしたのです（図5－⑫）。

日本人の預金や株、保険などをすべて合計した個人の金融資産が約1700兆円です。それに匹敵する金額をアメリカ人は、たったの25年間で投資信託だけで増やしました。

それらは株式への「つみたて投資」が軸になっています。実際、アメリカ人の投資信託残高15・9兆ドルの約半分の7・2兆ドルは、「確定拠出年金」や「IRA

図5－⑬　日米の株価推移 比較（1990年1月を1万とする）

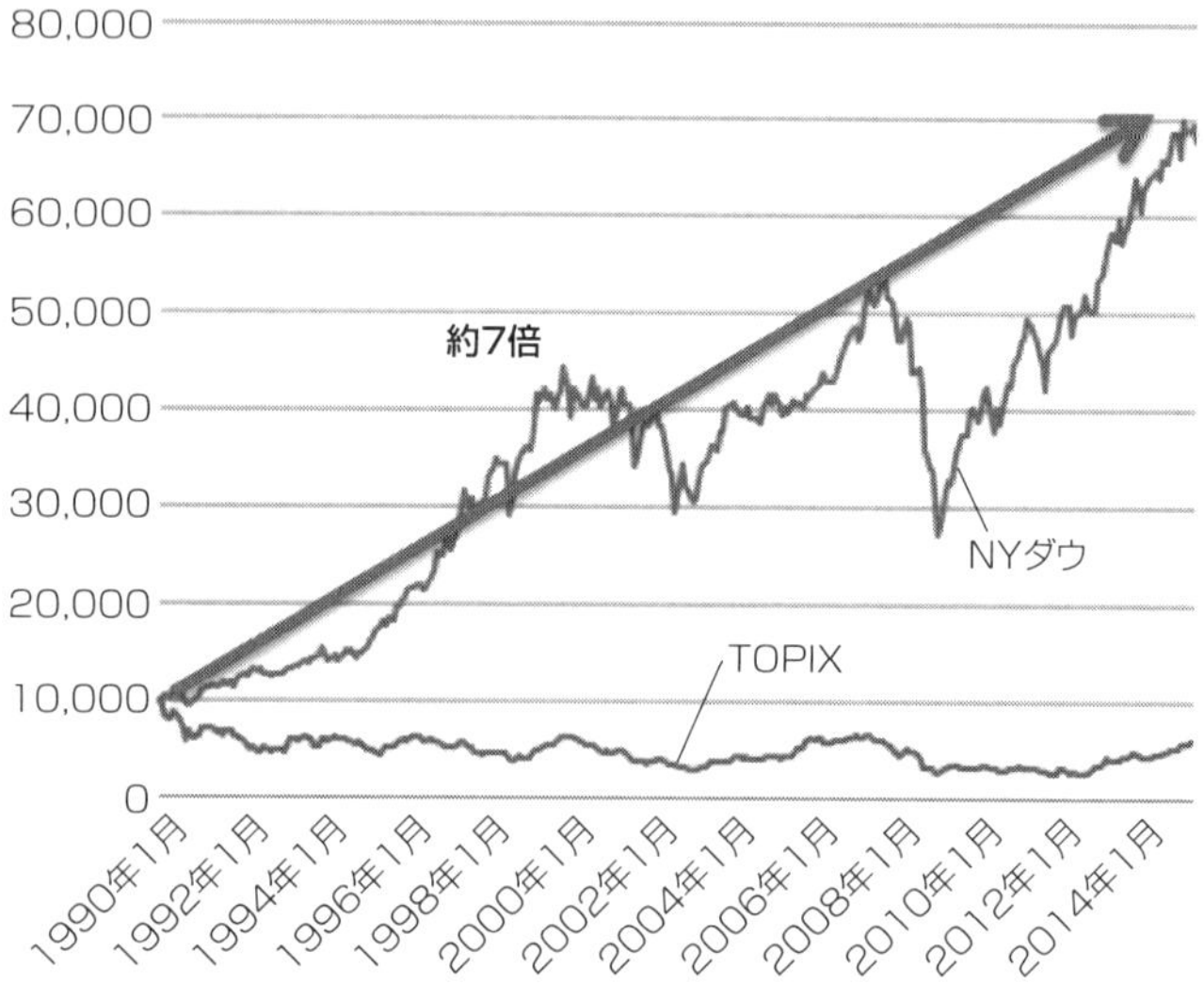

出所：米国投資信託協会資料より筆者作成

（Individual Retirement Accounts：私的年金）」で積み上がった資金です。

なぜアメリカでは株式を中心とする運用が広まり、日本では広まらなかったのでしょう？　いくつか要因が考えられますが、日米で最も大きな違いは「環境の違い」です。

図5－⑬は1990年以降の日本とアメリカの株式市場の推移です。日本は4割下落していますが、アメリカは約7倍に成長しています。

アメリカでは資産運用をすることで成功する人が続出しているので、それを見た周囲の人も「当たり前」のように資産運用を行います。この成功経験のスパイラルの拡大が、資産運用の普及に好影響をもたらしました。

一方、日本ではバブル崩壊以降、投資で失敗する人が増え、「株式投資は博打」「株はギャンブル」「下がったら怖い」などマイナスのイメージを持たれるようになりました。

環境がこれだけ違ったので、「成功経験」の事例の数が圧倒的に違います。日本には残念ながら、つみたて投資で成功している事例がまだ少ないのです。ですから、株式に対してネガティブなイメージを持たれる人が多いのでしょう。

だからこそ、日本人には、株式の歪んだ偏見を取り除くための啓蒙《けいもう》が必要だと思いますし、そのために本書を執筆しているといってもいいほどです。また、長い下落局面を経験した日本人だからこそ、つみたて投資では下落時にたくさんの「量」が買えるという特性を実感しやすいでしょう。

「環境」は確かに違いますが、成長が期待できる「世界株式」に投資することができるという点では、日米に違いなどありません。前述の通り、「株＝日本株」という思い込みはとにかく捨てなければいけません。株式への投資のイメージを百八十度変えて、生活を支える武器として捉えてみてはいかがでしょう？

第6章　日本人は「税金」への意識が低すぎる

図6-① アメリカで税制優遇を得ながら投信を保有している比率（2014年）

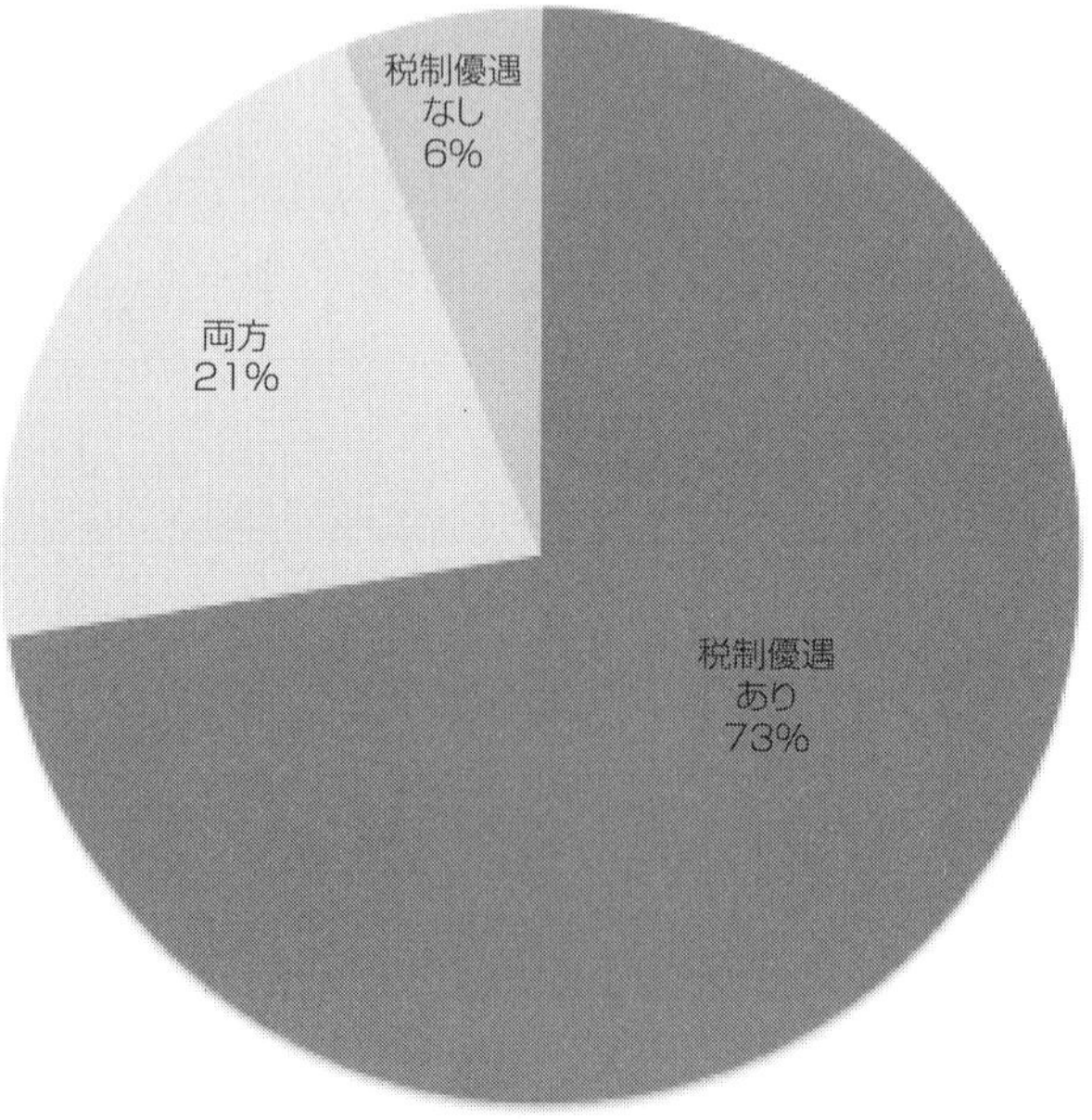

出所：米国投資信託協会資料より筆者作成

税制優遇は「お得なクーポン」

日本人は、資産運用をする際の「税金への意識」が低いです。

税制優遇はお得なクーポンみたいなものです。単なるクーポンでなく、数百万円や1000万円単位でお得になるほど重要なもので、資産運用をするうえでの強力な武器になります。

図6-①をご覧ください。これは、アメリカで投資信託を持っている世帯

で、「税金面で優遇されている方法」を活用している比率です（２０１４年）。税制優遇がまったくない方法だけで投資信託を保有している人は、たったの６％しかいません。残りの94％の人は、なんらかの税制優遇を得ながら投資信託を保有しています。

税金面で優遇されるとは、投資金額を所得から控除したり、運用中の利益を非課税にしたり、受取時に「退職所得」等の有利な所得で受け取れることを指します。

「税制優遇を受ける」とは、すなわち「手取りのお金が増える」ことを意味します。逆に、税制優遇を受けないと、せっかく運用が上手にいっても、手取りのお金は減ってしまうということです。よく、資産運用における「コスト」として、手数料の多い少ないが論点になりますが、この「税金」も同様に重要な資産運用における大きな「コスト」なのです。

具体的には、アメリカでは、「確定拠出年金（４０１ｋ）」や「ＩＲＡ」と呼ばれる「じぶん年金」作りの制度が活用されています。どちらの制度も、投資信託等につみたて投資をして、老後の資産を作るための制度です。

投資信託を持つときは、「税金面で有利な方法を選ぶ」のが資産運用大国アメリカでは常識です。税金面で有利な方法を活用したうえで、さらに追加として、通常の投資信託を活用します。

次頁の図６－②はアメリカの世帯で投資信託を持つ目的を順位づけしたものです。最も高

図6－②　米国世帯が投資信託を持つ目的

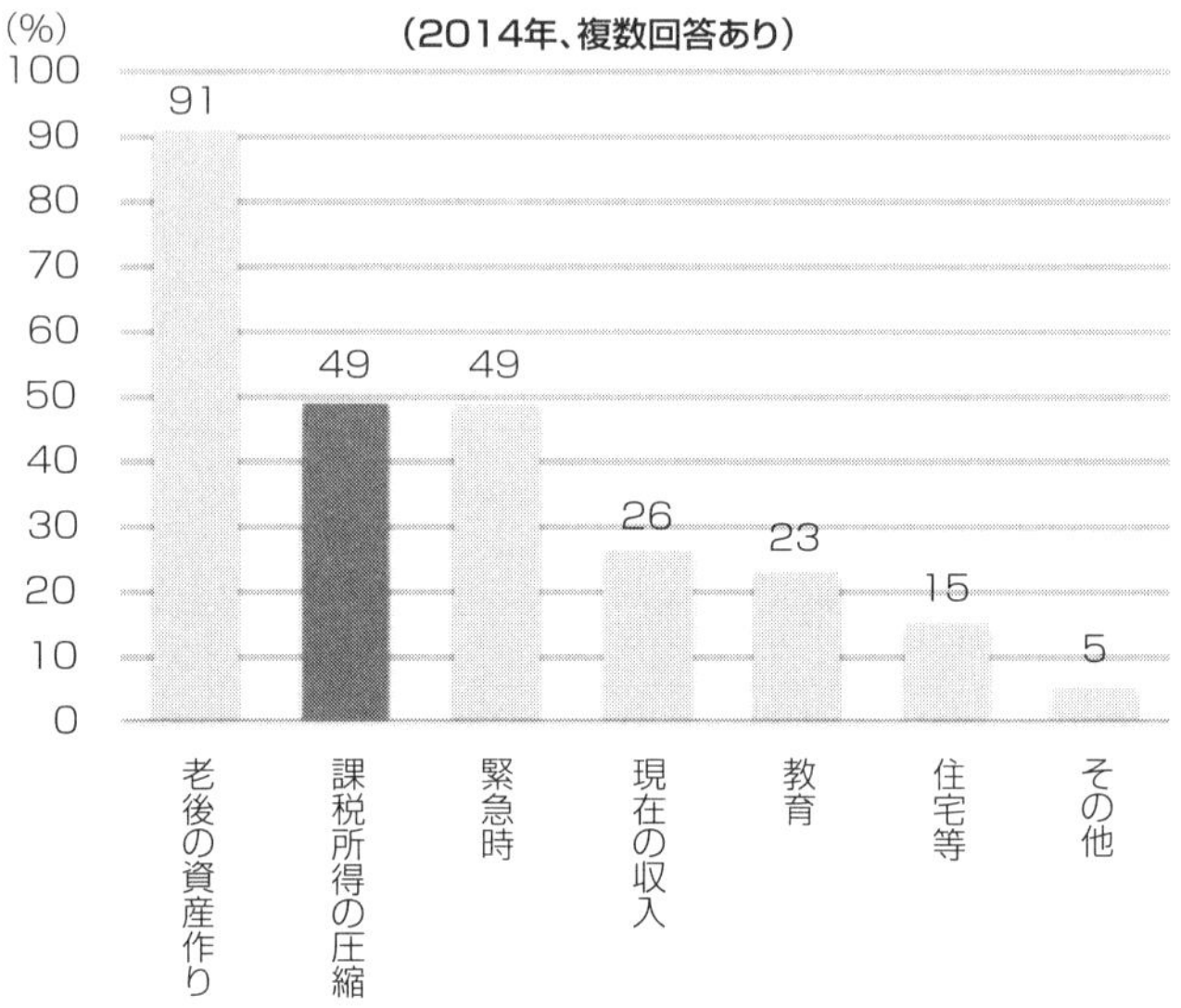

出所：米国投資信託協会資料より筆者作成

いのが「老後の資産作り」です。

注目していただきたいのは2番目の「課税所得の圧縮」です。投資信託を持つことで、課税所得を圧縮し、支払う税金を減らします。投資信託は、「将来のため」というのはもちろんですが、毎年支払う「税金を減らすため」にも使われているのです。

日本でもアメリカでも、単純に投資信託に投資するだけでは、課税所得を圧縮して税金を減らすことはできません。しかし、確定拠出年金などの「制度」に加入して、その制度の中で投資信託に投資をすることで、課税所得を圧縮できます。

資産運用大国アメリカでは、税制優遇の制度を活用して投資信託に「つみたて投資」を行い、毎年の税金を減らすことも主要な目的の一つになっています。

優遇税制の活用がうまいアメリカ人

アメリカでは、優遇税制を活用したつみたて投資で、約7割の世帯が老後の資産作りをしています（次頁図6－③）。

いちばん多いのは、401k（確定拠出年金）などの企業年金でつみたて投資をしつつ、「じぶん年金（IRA等）」も併用するパターンです。全世帯の31％がこの方法を実践しています。

次に、「企業年金のみ」の世帯が29％、「じぶん年金のみ」行っているが8％です。投資大国とはいえ格差の大きい社会なので、なにもしていない人も32％います。

着目すべきは、なにもしていない世帯を除く約7割の世帯の多くで、税的に優遇を受けた制度を通じて、投資信託などにつみたて投資をして、老後の資産作りをしている点です。

日本では、サラリーマンに源泉徴収や年末調整といった制度があり、確定申告をする人が少ないせいもあり、税金に対する意識が低い、あるいは苦手意識がある人が少なくありませ

図６-③　アメリカの老後の資産作り　（世帯別）

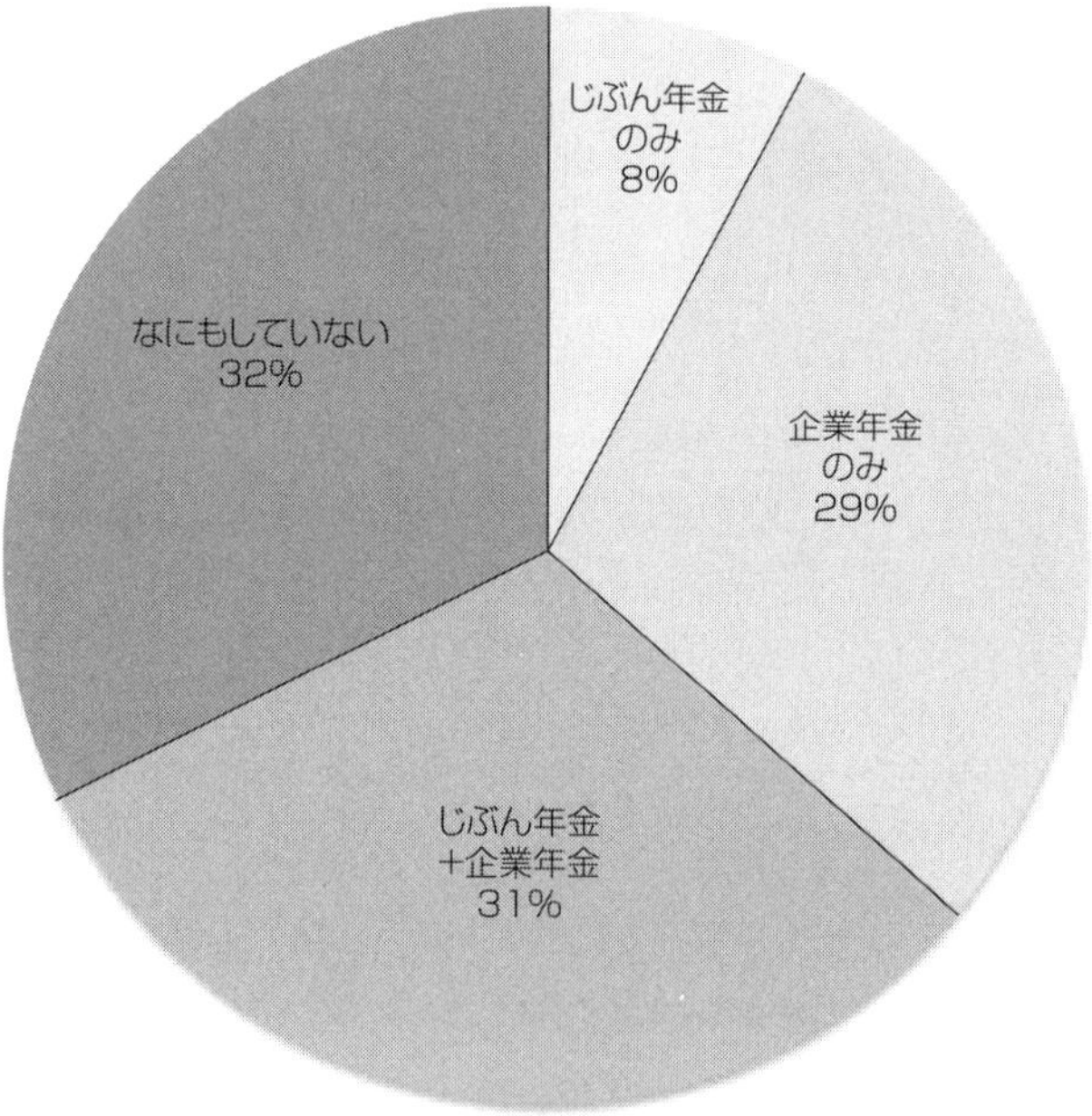

出所：米国投資信託協会資料より筆者作成

ん。

しかし、税金について は、少し勉強して調べるだけで、将来の資産に雲泥の違いが出る可能性が高いことを忘れないでください。

個人で確定拠出年金をする場合、所得によっては、30年ほど続ければ数百万円の節税効果が期待できます。

たとえば30歳で課税所得500万円の人が、毎月2万円を30年間拠出（つみたて）すると、合計拠出金額720万円に対して、約216万円の節税効果が得られます（所得税＋住民税／本書執筆時点）。この約216万円は、運用の結果は関係なく、拠出するだけで節税できる金額です。つまり、運用自体でまったく儲けることができなかったとしても、可処分所得を200万円以上増やせるということです。

さらに、運用がうまくいって数百万円の利益が出たとすると、合計で1000万円近くを得られる可能性もあります。「税金」は資産運用において、それだけ重要な要素なのです。税制メリットを最大限活用するのが、「じぶん年金」作りの成否の分かれ道と言っても過言ではありません。

老後の資産作りに向いている制度

確定拠出年金は、国が老後の資金作りのために整備した制度で、投資信託の「つみたて投資」をしながら、強力な税制優遇を受けられます。単純に投資信託を持つより、「税制優遇」というクーポン券がついたお得な制度です。

確定拠出年金は、所属している企業単位で加入するもの（企業型）と、個人で加入するもの（個人型）があります。企業型に加入できる人は、その制度を導入している企業に勤めている人に限られます。企業型の場合は、会社が掛け金を負担するのが一般的ですが、最近は「マッチング拠出」といって、会社負担分のほかに、個人で掛け金を上乗せして支払うタイプを導入する企業も増えています。

それ以外の人は、原則、個人で加入します。個人型は、現時点では主婦の方や公務員の方は加入できませんが、2017年以降、国民年金の被保険者なら原則全員が加入できる方向で、国会で審議中です（本書執筆時点）。

まだ加入していない方や、今は加入できない方も、非常にお得な制度なので、基本となる税制優遇について、確認しておきましょう。

確定拠出年金には3つの強力な税金面の優遇措置が用意されています。

確定拠出年金の税制優遇 ①拠出時

1つ目は、「個人で」拠出する掛け金（確定拠出年金で、毎月つみたて投資する金額）が全額所得控除になる点です。つまり、掛け金が税金の「割引券」になります。

ただし、「個人で」と書いた通り、企業が負担している掛け金は対象になりません。企業型でマッチング拠出した本人掛け金（個人で追加に拠出したお金）や、個人型の掛け金が対象になります。

掛け金を所得から差し引くことで、住民税・所得税を減らすことができます。

所得税は収入に応じて段階的に上がりますが、一定以上の所得がある場合、最低でも5％

かかります。住民税は10%かかります。つまり、どんなに低くても、課税所得に対して15%の税金がかかります。

確定拠出年金の掛け金を所得から差し引くことができるということは、掛け金に税金がかからないことを意味します。つまり、確定拠出年金の掛け金は、税金の割引券になるのです。

所得税が5%の方（課税所得が195万円以下の方）を例にして考えましょう。この方の税率は、所得税5%に住民税10%を加えて、合計15%になります。つまり、課税所得に対して毎年15%の税金がかかります。

この方が確定拠出年金に加入し、毎月2万円の掛け金をかけるとします。すると年間24万円を「課税される所得」から差し引けます。

もし、確定拠出年金に加入しなかったら、この24万円に15%の税金がかかります。年間3万6000円分、月に換算すると毎月3000円相当です。

確定拠出年金に加入して毎月2万円を拠出した場合、この月3000円相当の負担（税金）を減らすことができるのです。

毎月2万円の「つみたて投資」を行うにしても、単純に金融機関で投資信託に「つみたて投資」をするのと、確定拠出年金の制度の中で、投資信託に「つみたて投資」をするのでは、月額3000円の差が出るということです。どれだけお得な制度か実感できたでしょうか？

それを30年間継続すると、確定拠出年金を活用するだけで、108万円相当の節税になります。

所得税が10％の方（課税所得が195万円を超え330万円以下の方）なら、住民税を合わせた税率は20％になります。月々の掛け金を3万円とすると、月6000円、年間7万2000円の節税になります。30年継続すれば、それだけでなんと216万円の節税効果が得られます。

このように、確定拠出年金は、加入して個人で拠出するだけで税金を抑えることができる強力な税制優遇措置が用意されています。

「収入を増やす」話に比べて、「負担を減らす」話は、実感が湧きづらいので、少し難しく感じるかもしれません。ただ、実質的に使えるお金が増えることを意味します。ただでさえ増税気運が高まる時代に、これだけ税金を抑えられる仕組みを国が用意しているのですから、ぜひ活用してください。

先ほど述べた通り、アメリカではこのように、確定拠出年金などを活用し、課税所得を圧縮することで毎年の税金を抑えるのは常識です。

確定拠出年金の税制優遇　②運用中

確定拠出年金の税制優遇は、掛け金を拠出する際の「入り口」だけではありません。掛け金を拠出した後も税制優遇が用意されています。それが、２つ目の「運用益が非課税で再投資できる」という点です。

通常、預金利息や配当、投資信託等の収益分配金、売却益に対し約20％の税金がかかります。仮に「投資信託①」を運用していて、運用益１００万円が出ていたとしましょう。その「投資信託①」を売却して「投資信託②」に切り替えるとします。

通常の投資信託の場合、売却益に対して、今回のケースでは、１００万円の20％なので、20万円の税金がかかってしまいます。しかし、確定拠出年金の場合、売却益に対して税金がかかりません。ですから、「投資信託①」を売却した際に本来は差し引かれてしまう20万円を、継続して「投資信託②」に投資できるのです。

基本的に、資産運用は、大きな資金で運用したほうが有利になります。理由は、運用資金が大きいということは、つまり、多くの「量」を保有しているからです。

運用益に対して税金がかかると、保有できる「量」が減ってしまうので、その分だけ「投資の成績（B）」が下がります。

たとえば、引っ越しの際に、敷金や礼金、引っ越し費用がかからないとすると、かなりお得な気がしませんか？　確定拠出年金の場合、投資信託も売却時や収益分配金などの運用益に対して税金がかからないのは、大きなメリットなのです。

確定拠出年金の税制優遇　③受取時

さらに、確定拠出年金の税制優遇は、資産運用の出口となる「受取時」にも得られます。それが、３つ目の「『退職金』扱いで受け取れる」という点です。税制上、退職金として受け取ると、「退職所得控除」という強力な非課税枠を活用できます。

退職金は、その人の老後を支える貴重なお金です。国も退職金に対しては、税金面でかなり優遇措置を設けています。また年金として受け取る場合は、「公的年金等控除」が受けられ、税金を抑えることができます。

「通常の投資信託」で保有する場合、受取時に、非課税枠の活用はできませんが、確定拠出年金の場合、非課税枠を活用できるのです。

このように確定拠出年金は、「拠出時」「運用中」「受取時」の３つの税制優遇があり、非常に有利な制度です。まだ普及度は高くありませんが、今後、日本人の老後の資産作りのスタンダードになっていくでしょう。

ただ、確定拠出年金には注意すべき点もあります。それは原則、途中引き出しができない点です。お金を引き出したくても、60歳になるまで引き出しができません。引き出しができないということは、確実に貯まるので、メリットと解釈もできますが、この点については注意が必要です。

引き出しができない理由は、この制度の目的が「老後の資産形成」だからです。国は、その目的のために、増税気運の流れに逆らうように、強力な3つの税制優遇を用意しました。その代わりに、途中で他の目的に使われないように、こうした制限を設けています。

投資信託のメリット、デメリット

日本では、「つみたて投資」といえば、証券会社や銀行で、投資信託を申し込むイメージをする人が多いでしょう。投資信託の場合、商品のラインナップが豊富で、途中解約も自由であったり（なかには制限のあるものもありますが）、毎月の積立金額を変更できたり、柔軟に利用しやすいのが特徴です。

ただ、一点弱点があります。それは「税金」です。まず、毎月の投資した金額を、確定拠出年金のように所得から控除することはできません。また、運用がうまくいったとしたら、利益に対して約20％の税金が取られます（申告分離課税）。

仮に５００万円の運用益が出ていて全額売却したら、約１００万円が税金で取られてしまい、手取りが約４００万円になってしまうのです。

また、注意すべきは、証券税制の変更です。昨今の財政状況により、消費税、所得税、相続税など個人をめぐる税金は上昇気運にあります。特に証券税制は、頻繁に変更される税制の一つです。

ただでさえ証券税制は「金持ち優遇」と批判を受けやすいのです。平成元年（１９８９年）３月までは原則非課税だったのが、今は約20％になっています。約25年で20％上がっています。

「消費税を10％上げる」のと、「証券税制の税率を10％上げる」のは、どちらが世の中の抵抗が少ないでしょう？　証券税制の税率を上げるほうが簡単なのは明らかです。

税制優遇のない制度で投資信託を保有する場合、将来時点で税率が30％、40％などに上がることは想定しておいたほうがいいと思います。

20％という数値はけっして高いとはいえません。ドイツでは約26％の分離課税です。日本でも、申告分離課税で26％を選べた時代もありました。

このように投信積み立てては、使い勝手が柔軟であったり、ラインナップが豊富などメリットも多いのですが、運用時や売却時に、税金に対して抵抗力が弱いのが弱点と言えます。

第7章　つみたて投資の「終盤」の考え方

本書で繰り返し説明してきたとおり、つみたて投資は終盤が大切な投資方法です。ですから、中長期的に成長が期待できる資産に積み立てるのが鉄則です。この鉄則は絶対に守るようにしてください。

つみたて投資で失敗しないための重要なポイントは、終盤で大きく上昇したり、自分の目標とする金額に達した時点で、売却するなり、株式の比率を下げて安定的な資産配分を高めることです。

最後に大きく下落することへの不安

ここまで読んで、ある心配を抱いた人もいるのではないでしょうか？　たとえば、サラリーマンの方が定年を迎え、つみたて投資を終了する際、株価が下がる悪い時期に重なってしまったらどうしようという不安です。

私も、セミナーでよくこの種の質問を受けます。そういう方は次の４つの視点を持っておきましょう。

まず、１つ目の視点は、「回復力」の視点です。

つみたて投資で「量」を買い込んでおけば、赤字の状態から黒字に回復するのは早くなります。「量」を多く買えると、投資した商品の価格が少し上昇するだけで、投資の成績は大きく上昇するからです。

つみたて投資の終盤に赤字になってしまったとしても、少し待って上昇すれば、赤字から黒字へ回復しやすい投資なのです。この点については後ほど補足します。

2つ目の視点は、「時間」の視点です。

投資信託はある時点で全額売却しなければいけないものではありません。「投資信託は最後に売却し現金化するもの」と思い込んでいる人も多いのですが、必要がなければずっと運用を続けてもいいのです。たとえばサラリーマンの方であれば、先にも例に出したように、定年時からは追加拠出をせず、そのまま運用だけ続ける、つまり寝かせるという方法があります。

長生きリスクやインフレリスクも考慮すると、可能な限り運用を継続したほうがいいと思います。

確定拠出年金に加入されている方は、退職時点で大きな下落になることを心配するかもしれません。しかし、退職時にすべてを現金化しなければならないというわけではないということは覚えておいてください。確定拠出年金でも拠出を停止してから受け取るまでには、10年間の猶予期間があります。10年間あれば、適切な資産配分をしておけば、下がり続けることは考えづらいです。10年の間で、上昇した時点で受け取れば問題ありませんから、過度な心配は無用です。

3つ目の視点は「必要性」の視点です。

老後の資金は一気にまとめて遣う機会は限られてくるでしょう。老後の資金は、現役時代ほど収入がなくなったとき、少しずつ取り崩して遣うお金であり、むしろ一度に全額遣ってしまってはいけないお金です。

2つ目の視点で説明したように受け取りまでには「時間的なゆとり」があります。投資の成績の悪い時期だったとしても、必要な分を取り崩しながら回復まで待っていればいいのです。

老後のある時点で、一括で多額の資金が必要になるものには、保険等を活用して、備えておきましょう。

4つ目の視点は、「長期でした場合の損をする可能性」の視点です。

そもそもの前提として押さえておいてほしいのは、つみたて投資を10年、20年、30年と継続することで、損をする可能性はかなり抑えられます。つみたて投資は、一括投資と同様に、長く続けることで、損をする可能性を減らすことができます（詳細な検証については拙著『積立投資のすべて』〔パンローリング〕を参照してください）。

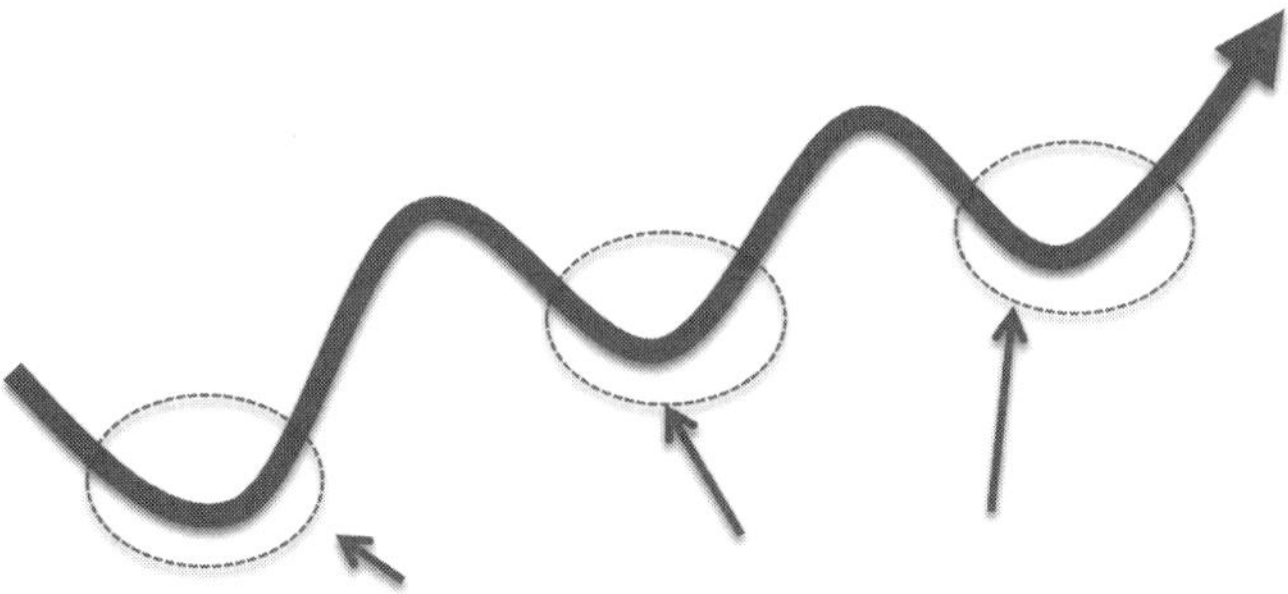
つみたて投資は中長期的に、ゆっくり上昇していけばOK
途中の値下がりは「量」を買い込むチャンス！

10年、20年、30年と継続して、世界経済の成長の波に乗り、下がったところで効率よく「量」を買うことで、将来、損をする確率を下げることができます。

つみたて投資で重要なのは、なるべく長い間継続することです。継続は力なりの投資手法です。

いかがでしょう？　この4つの視点を持てば、将来の下落に対し、過敏になる必要はないと思います。

もちろん、ケアは重要です。積み立ての終盤に大きな上昇局面がきたら、一部現金化するのもよい方法です。また、失敗したくない人は安定運用への切り替えも考えましょう。現役世代に比べ、引退後は資産運用のリスクは取りづらくなります。第5章でも紹介した通り、アメリカの投資家も20～30代の間は、積極的に株式に投資していますが、60代になると若干、株式の比率を抑えています。

つみたて投資は回復力がある投資

本書も終盤になりましたが、1つ目の視点のつみたて投資の「回復力」について、重要なので補足しておきます。

投資で「暴落」が起きると、「元の価格に戻らないと黒字にならない」と思い込んでいる人がいます。しかし、それは間違いです。この点は、前著『半値になっても儲かる「つみたて投資」』でも十分説明したのですが、まだまだ世間に浸透しているとは言えないようです。ですから、前著で使用したグラフを使って、あらためて説明していきます。

まず、そもそも中長期的に上昇していれば終盤に大きな下落が来ても、十分利益が確保できている可能性もある点です。「暴落＝損失」ではありません。

次に、仮に暴落があり赤字になったとしましょう。そこから回復するためには、暴落前の価格に戻る必要はないという点です。次頁の図7－①をご覧ください。

これはある架空の投資信託の値動きです。スタート時の価格は1万円で、7年後に2000円まで下落し、10年後に5000円まで戻っています。つまり、スタートしたときの半分までしか戻っていません。この商品に、毎月1万円ずつ「つみたて投資」をします。

図7-①　半値になっても

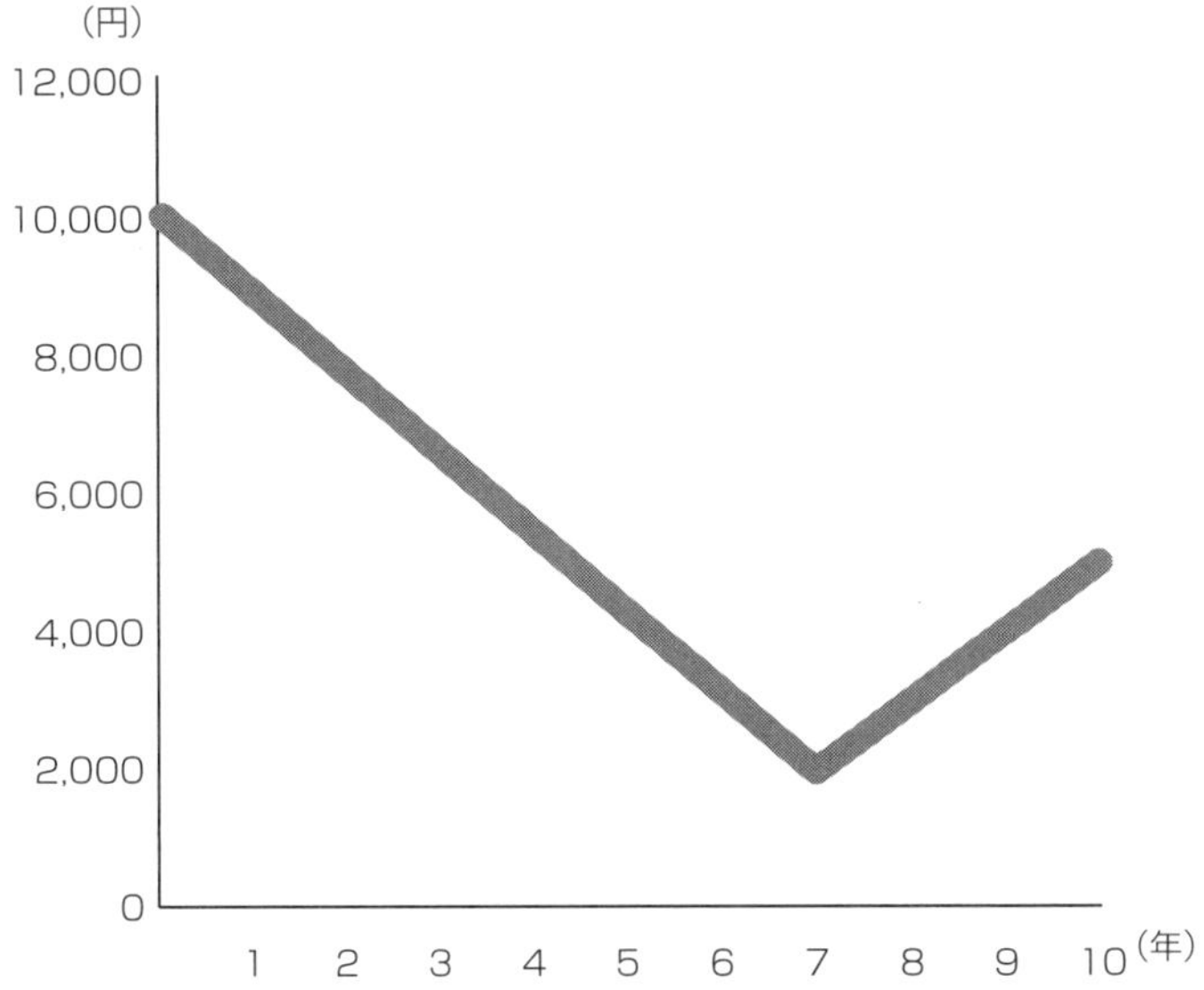

10年間で１２０万円の投資金額になります。この場合の「投資の成績(B)」は、次の3つのうちいくらになるでしょうか？

①約72万円　②約90万円　③約１３９万円

正解は③の約１３９万円です。

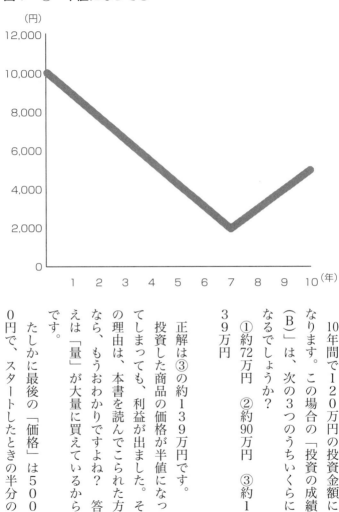

投資した商品の価格が半値になってしまっても、利益が出ました。その理由は、本書を読んでこられた方なら、もうおわかりですよね？　答えは「量」が大量に買えているからです。

たしかに最後の「価格」は５０００円で、スタートしたときの半分の

図７－②　バブル崩壊後の日本株式の値動き

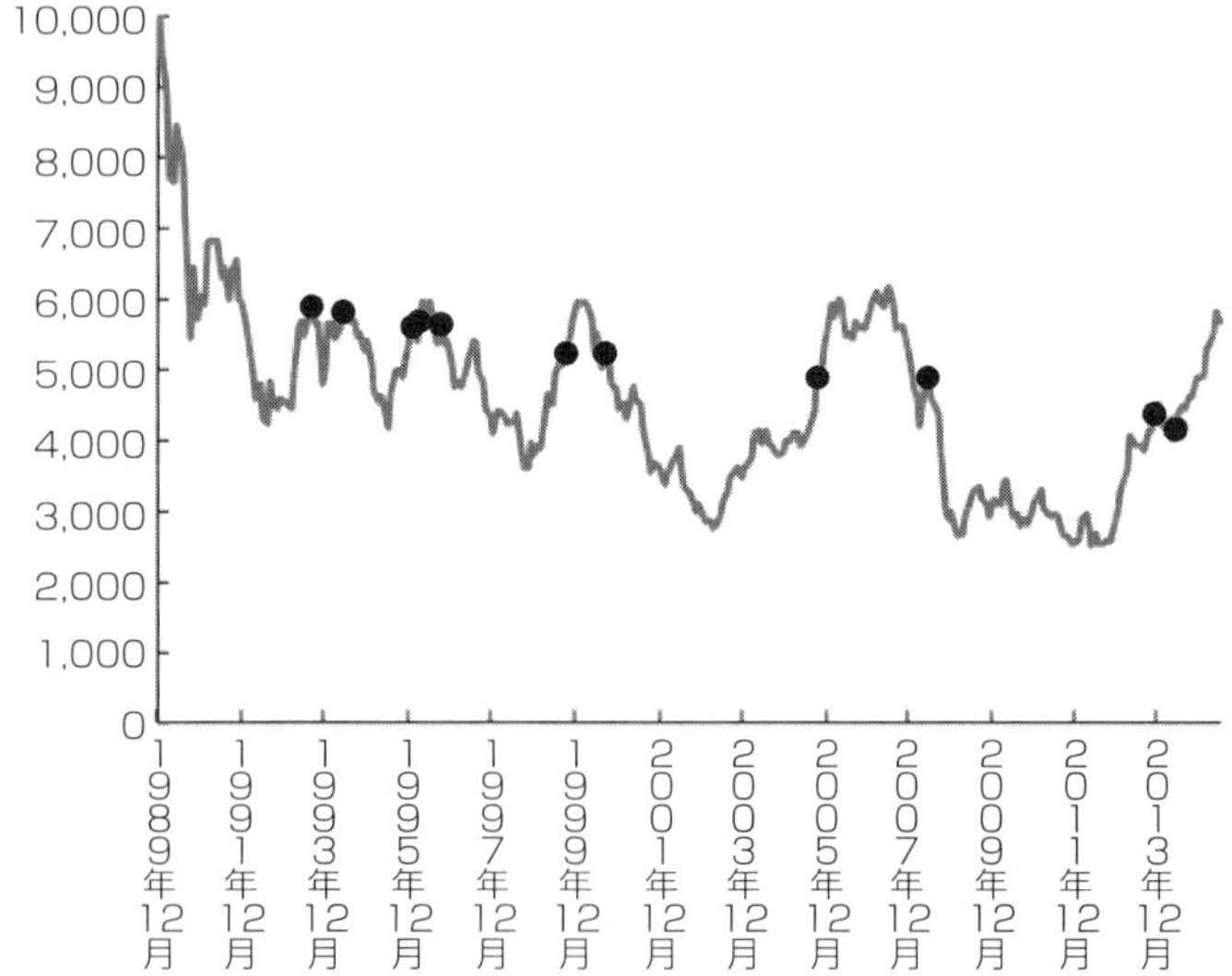

出所：TOPIXより筆者作成（1989年12月末〜2015年6月末）

値段です。元の価格には戻っていません。しかし、暴落によって、「価格」が下がったことで、大量の「量」を買えたので、それらを掛け算した「投資の成績（B）」は黒字になったのです。

日本の最悪期でも11回も回復

つみたて投資の回復力について、事例を紹介します。

図７－②は、バブル崩壊後の日本株式の推移です。日経平均が最高値をつけた１９８９年末から、すでに25年以上が経過していますが、まだ高値に戻っていません。今でこそ、アベノミクス相場で日

本株は比較的好調と言われていますが、それでもまだ当時の高値の5割程度です（本書執筆時点）。

この間、つまりバブルのピークから現在まで「つみたて投資」を行ったとしたら、どうなっていたでしょう。一般的には「最悪の時期」から始めたというイメージだろうと思います。では、ずっと赤字だったのでしょうか？

結果は、途中で11回黒字化しています。グラフで丸印がついている時点で、赤字から黒字に回復しているのです（96年1月、同年3月の2つの回復地点の差が2ヵ月しかなく、印が重複しているため10個に見えますが、該当期間で11回回復しています）。

これだけ下落局面が続いても、繰り返し回復している理由は、もちろん「量」が買えているからです。このように、つみたて投資は回復力があるので、「暴落前の価格」に戻る必要はない点を確認しておきましょう。

私は過去、様々な資産や期間で、つみたて投資の回復力に関して、検証を行ってきました。そして、つみたて投資の赤字が長く続く期間の目安として、5年間という数値を得ました。過去、つみたて投資を継続して、5年以上赤字が続いた事例はほとんどありませんでした（詳細な検証結果については、拙著『積立投資のすべて』を参照してください）。

これはあくまで、過去の結果であり、未来を約束したものではありません。ただし、つみたて投資は回復力があり、損失が続く時間を短くする特徴があるのは今後も変わりません。

つみたて投資は、一括投資のように、運が悪いと損失がずっと続いて塩漬けになる投資ではなく、ある程度上昇したら回復しやすい投資方法なのです。

何度も暴落を乗り越えた株式市場

いかがでしょうか？　つみたて投資の終盤の値下がりは、過度に恐れるものではなく、数年間待てば回復が期待できる点、そして、老後の資金の場合、それを待つ時間は十分にある点について説明してきました。

ただ、いくら回復力があるとはいえ、暴落が起こったら元の価格に戻って、できれば高値を更新してほしいと思うのが普通でしょう。

図7－③は第5章でも紹介したグラフになりますが、過去、世界の株式市場はたびたび大きな暴落に遭遇しています。１９９０年以降だけみても、湾岸戦争、ＬＴＣＭ破綻、ＩＴバブル崩壊、同時多発テロ、サブプライムショック、リーマンショック、ギリシャショックと、数年ごとにマーケットが3～5割程度下落する局面を迎えています。

しかし、株式市場は上がり続けることがないように、下がり続けることもありません。世

図7-③　世界株式の推移

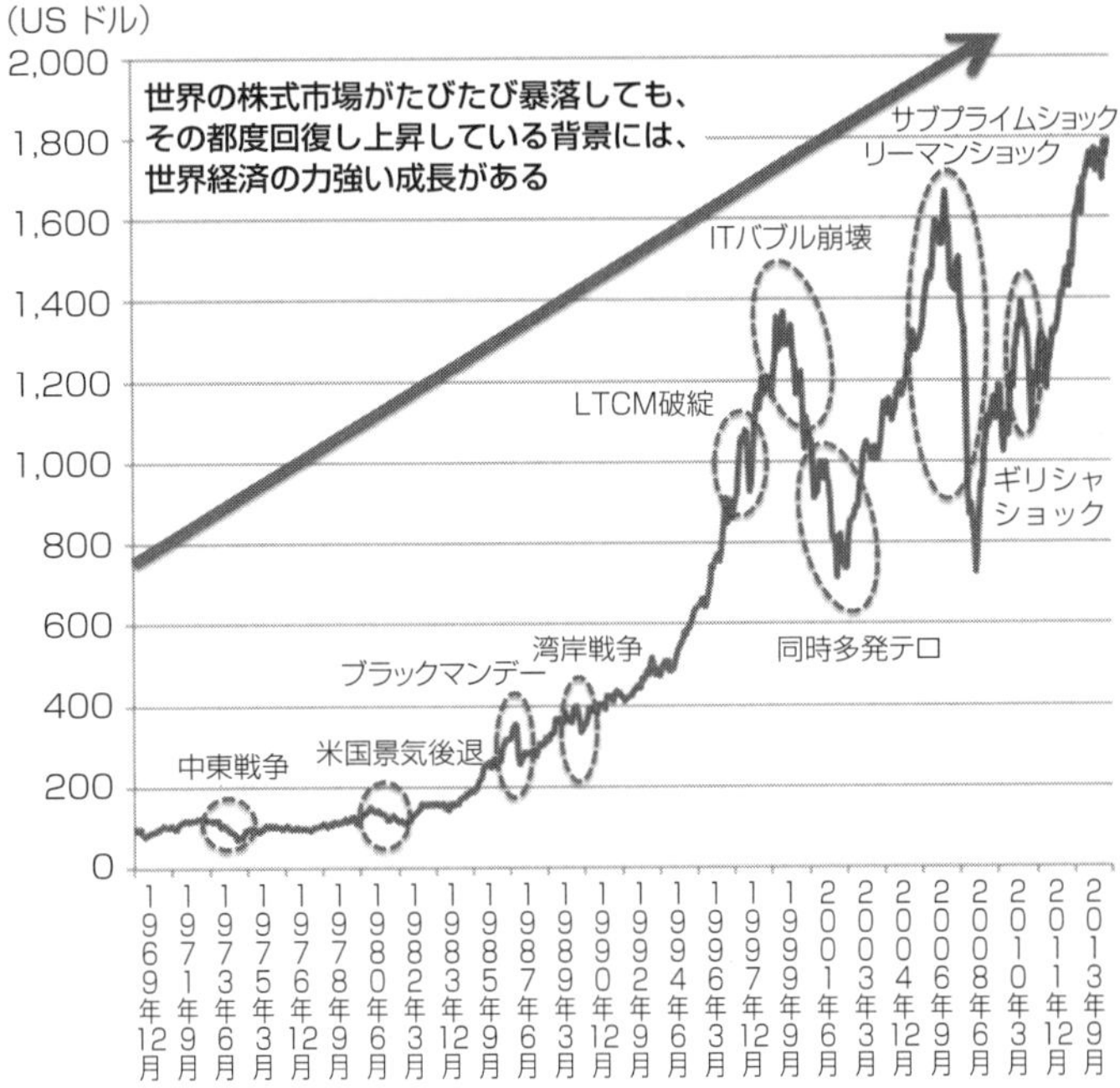

出所：MSCI 'KOKUSAI' Index（USドルベース）

界経済の成長に伴い、すべて数年間で回復し、上昇しています。

世界の株式市場は、ただフラフラと上がっているのではありません。その根拠として、世界経済の成長に伴う企業業績の向上があるのです。

ただし、例外もあります。日本株式市場は高値から25年以上経過しても、まだ高値に戻していません。やはり特定の国1つの市場に賭けるのはリスクになります。第5

章のつみたて投資の鉄則でも説明した通り、1つの国や資産に投資するのではなく、世界全体に分散して投資するようにしましょう。

「定期的に取り崩す」という選択肢

また、資産運用の手じまい方として、「定期的に取り崩す」という考え方もあります。

これは、つみたて投資の逆として、毎月、自動的に決まった金額や、一定のルールに基づいて、取り崩すという方法です。アメリカでは、ベビーブーマー世代が退職を迎えたのを機に広がり始めました。日本でも、自動取り崩しサービスをする金融機関が数社出てきています。今後、さらに取り扱いは増えるでしょう。

定期取り崩しのメリットは、「売りどき」や、今後、上がるか下がるかなどの「相場予想」をしないでよいので、気持ちが楽で手間が少ない点です。毎月、定期宅配便のように、お金が預金口座やＭＲＦに振り込まれるイメージです。運用で増やす機会を確保しつつ、あまり運用のことを考えずに、計画的にお金を遣いたい方にはお勧めです。

定期取り崩しのデメリットは、そのまま保有し続けるより、若干期待リターンが下がる点です。理由は、世界の株式市場は右肩上がりで上昇すると期待できるからです。株式市場が右肩上がりで上昇するなら、なるべく取り崩さないほうがお金は増えるからです。

後は価値観や、その人の資産状況の問題となります。

ただし、お金が足りない人は、選択肢がなく、取り崩していくしかありません。定期取り崩しは当然、ある程度、お金をしっかり貯めた人だけが取れる選択肢です。

これはつみたて投資にも言えることですが、「自分で売買を判断したほうが、お金を増やせる」と思う人は、あまり「つみたて投資」はしないと思います。

たとえば、株などを短期売買して資産を増やそうと思っている人は、あまり「つみたて投資」のような自動で時間がかかる方法は好まないことが多いです。

基本的に、つみたて投資をする人は、自分の判断でお金を増やすのが難しい、と思う人がほとんどでしょう。そうであるなら、その延長で、自分で売却のタイミングを判断するのは難しいと思う人も多いはずです。そういう人は、自動取り崩しサービスを活用するのも有効です。

そもそも、「つみたて投資」は、投資効率を最大化させる方法ではありません。

株式市場の安いところで買って、高いところで売るという売買を頻繁に繰り返し、すべて成功することができれば、資産を大きく増やすことができます。また、まとまった資金がある人は、一括投資したほうが期待リターンは高くなります。

ただしそれを狙うと、多くの労力が必要だったり、場合によっては精神的なストレスがかかります。特に短期売買の場合は、成功する確率はけっして高くないのです。

「つみたて投資」は、少ない労力で、時間をかけて堅実に資産を積み上げる手法で、「金利の低い預金にしておくよりはいいだろう」という、ほどほどなリターンを狙うものです。

ですから、取り崩しについても、そこに労力や精神的ストレスをかけず、ほどほどでよいという方は、「取り崩しサービス」を活用するといいと思います。

始めるかどうかの判断基準

まだまだ、つみたて投資を始めていない人、始めたいが躊躇している人がたくさんいます。結局、つみたて投資をしたほうがいいかどうかの判断基準は、第5章でも触れた通り、中長期的な世界経済の成長を信じることができるかどうかだと思います。

中長期的な株式市場の恩恵を得ながら「つみたて投資」で資産作りをしていくのか、ゼロに近い金利の預貯金にせっせと貯め込んでいくのか。

どちらもリスクがあります。前者は、将来時点でもしかしたら、赤字になる可能性もあります。ただ、そのリスクは、長期で見れば可能性は低い点、数年待てば回復することも十分期待できる点、老後の資金はある程度時間的ゆとりがある点、実際にアメリカやイギリスでつみたて投資で成功して資産を増やしている人が大勢いる点などを考慮すると、個人的には、あまり大きなリスクと捉えていません。むしろ、時間をかけて「量」を買い貯めることで、終盤に何度も資産を増やすチャンスのほうが魅力的です。

後者の場合は、預金に寝かせておいても、ゼロ金利の場合お金はほとんど増えませんので、資金が足りなくなる可能性が高まります。

世界の人口が爆発的に増え、食料や資源に対して、需要が高まる中、インフレのリスクも高まります。日本の財政状況も悪化の一途を辿《たど》る一方で、将来時点で日本への信認が低下した時、円が売られてしまう可能性があります。そうすると、為替の影響でもインフレが起きる可能性があります。

将来受け取れる年金の額は減り、それだけでなく、医療や介護などの社会保障の給付水準も下がってくることでしょう。

しかも、医療技術の進歩により、長い長い余生が待っているのです。今、日本人で60歳まで生きた人は、男性で平均約23年、女性では平均約28年の余生があります。それだけ長い余生を、歯を食いしばって生き抜くだけでなく、せっかくなら楽しく過ごしたいと思うのではないでしょうか？

あとはあなたの選択です。つみたて投資をして、世界経済の成長の力を利用して、資産を

短期的なリスクは気にしない

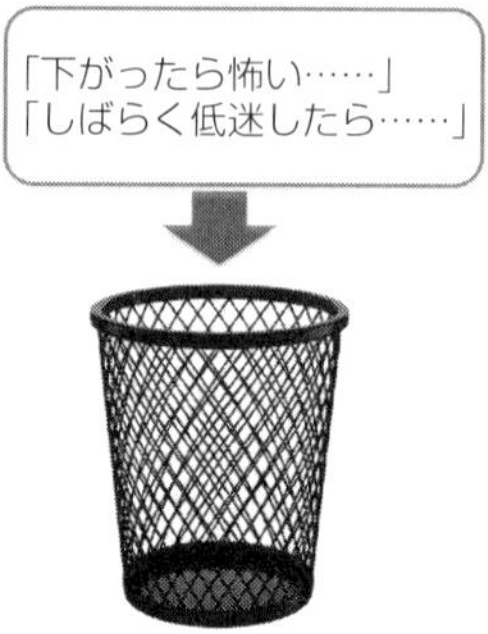
「下がったら怖い……」
「しばらく低迷したら……」

数十年後の将来で比較

預金
つみたて投資

育てるのか。昔ながらの風習に倣《なら》い、預金でいくのか。どちらのリスクを取るか、今一度熟考して決断するといいでしょう。

声を大にして伝えたいのですが、短期的に株式が上下することなど、いっさい気にする必要はないのです。そんなことを気にするよりも、自分の将来の資産状況について考えるほうが、圧倒的に重要です。

あなたの将来を決めるのは、将来のあなたではありません。今のあなたです。具体的に言えば、今のあなたの行動です。今、行動することで、将来が変わることを忘れないでください。

もし、「つみたて投資」の良さをご理解いただけたなら、その考え方を、大切なご家族や友人、同僚の方々にも教えてあげてください。「つみたて投資」は、まだまだ「伝える人」が少なすぎます。あなたが伝道師になって、大切な人たちを老後の危機から救ってあげてください。

おわりに　つみたて投資は老後の資産を増やす武器になる

つみたて投資は、老後の資産を増やす「武器」です。長い時間をかけて「量」を買い込むことで、終盤にそれが力を発揮します。

買い込んだ「量」に「価格」をかけることで、レバレッジが効いてきます。少しの上昇で一気に収益を増やすチャンスが訪れます。

残念ながら、預金に積み立てている人は、その武器は使えません。これは本当にもったいないです。いくら貯めてもほとんど増える見込みのないものに積み立てているのですから。むしろ、インフレになれば資産は目減りしていってしまいます。

以前の預金には「金利」という武器がありました。しかし、今は金利はゼロに近く、増やすことに使えません。これからは「量」という新しい武器を使えばいいのです。

つみたて投資をしているか、預金にしているかの差は、将来の時点ではっきり出ます。つみたて投資をしている人は、何回も資産を増やすチャンスが訪れます。「つみたて投資は終盤にチャンスがやってくる」のです。

過去のデータになりますが、世界全体の株式に分散投資をして、10年、20年と長期で「つみたて投資」を行った場合、損をするケースは非常に少なく、ほとんどの場合で利益が出ていました。

ただ、つみたて投資をするには、一つの条件があります。それは、「中長期的な世界経済の成長を信じることができること」です。それができない人には、お勧めはしません。

私たちは、昨日より今日、今日より明日が良くなることを願って生きています。そういう人が集まって、世界経済は発展していきます。人間の欲望がなくならない限り、私は、世界経済は成長し続けると信じています。

中長期的に、世界経済の成長を信じることができる人は、一発逆転ではなく、百発コツコツで、今からなるべくたくさんの「量」を買い込んでいきましょう。

また、この「つみたて投資」に価値があると感じた方は、この「考え方」をあなたの大切なご家族、友人、同僚の方に教えてあげましょう。預金で貯める方法しか知らない人は可哀想です。あなたが教えてあげることで、相手の人は資産作りの「選択肢」を増やすことができます。

本書で説明した内容は、金融機関がいっさい説明してこなかった内容です。だからこそ、伝える価値があると信じています。

日本ではまだまだ「つみたて投資」を伝える人が少ないのが課題です。「つみたて投資」の価値を伝える人の輪が広まり、文化として根づく日を待ち遠しく思います。

最後になりましたが、本書を執筆するうえで、講談社の木村圭一様にはたいへんお世話になりました。読者目線に立ち、深掘りすべき点や削除すべき点、伝え方など、細かくアドバイスをいただきました。この場を借りてお礼申し上げます。

また、私が「つみたて投資」と出会い、研究を始めてから8年の歳月が過ぎました。その間、多くの方々に支えていただきました。前著を出版してからは、相当数の講演に呼んでいただきました。人に説明することによって、新たな気づきも生まれます。本書はそれらの貴重な経験の賜物です。こうした機会を与えていただいた皆様に、心より御礼を申し上げます。

一人でも多くの方に、「つみたて投資」を活用して、物理的にも精神的にも豊かな人生を満喫していただけたら幸いです。

２０１５年11月吉日

星野泰平

星野泰平

1981年、埼玉県生まれ。2000年、県立浦和高校卒業。2005年、信州大学経済学部卒業後、証券会社に勤務。自身と同じ20～30代の資産形成層でも取り組みやすい「つみたて投資(ドルコスト平均法)」の研究に従事。これまでほとんど説明されてこなかった「つみたて投資」の特徴の体系化に成功。

独立後、全国での多数の講演や、雑誌などでの連載を通じて、「つみたて投資」の魅力を伝える。また、銀行、証券会社、運用会社、保険会社、信用金庫、労働金庫等の金融機関に対して、「つみたて投資」の伝え方をコンサルティング・指導する。

著書に、『積立投資のすべて』(パンローリング)、『半値になっても儲かる「つみたて投資」』(講談社+α新書)がある。

講談社+α《プラスアルファ》新書 546-2 C

終《お》わりで大《おお》きく儲《もう》かる「つみたて投資《とうし》」

星《ほし》野《の》泰《やす》平《ひら》 ©Yasuhira Hoshino 2015

2015年11月19日第1刷発行

発行者――鈴木 哲
発行所――株式会社 講談社
東京都文京区音羽2-12-21 〒112-8001
電話 出版(03)5395-3522
販売(03)5395-4415
業務(03)5395-3615
デザイン――鈴木成一デザイン室
カバー印刷――共同印刷株式会社
印刷――豊国印刷株式会社
製本――株式会社若林製本工場
本文データ制作――講談社デジタル製作部

定価はカバーに表示してあります。

落丁本・乱丁本は購入書店名を明記のうえ、小社業務あてにお送りください。

送料は小社負担にてお取り替えします。

なお、この本の内容についてのお問い合わせは第一事業局企画部「+α新書」あてにお願いいたします。

Printed in Japan
ISBN978-4-06-272917-8